ライブ講義　高山恵子 I

特性とともに幸せに生きる

高山恵子　著

岩崎学術出版社

はじめに

　１９９７年に留学先のアメリカから帰国した私は、成田空港に着くと自宅に戻らず、すぐに北海道に向かいました。児童精神科医の田中康雄先生をはじめ、北海道の支援者の方々、そして私の大学時代の先輩やクラスメートなど、多くの方のご協力を得て、札幌と帯広で人生初めてのＡＤＨＤの講演をしました。

　アメリカの最新情報をお伝えしたい、という願いが原動力になり、時差ボケの中のぶっつけ本番でした。終了後、たくさんの拍手をいただき、その後、多いときは年間１００回以上、全国各地で講演をさせていただく機会に恵まれました。

　この本は、いままでの講演の集大成ともいうべき、ライブ講義集です。発達障がいの当事者であり、心理学と薬学と教育学を学んだ支援者として、大切だと思うことをわかりやすくまとめました。次世代の人材育成に向けて、支援者の方はもとより、いま困っていらっしゃるご家族の方や、当事者の方にもお読みいただきたい内容です。

　支援者向け、親向け、パートナー向けのお話があります。いろいろな立場から発達障がいを見つめ、理解することで、さらに多くのことに気づくことができるでしょう。

皆さんそれぞれ、ご自身の立場で一生懸命取り組んでいらっしゃいます。でも、支援者と当事者や家族との間で、あるいは支援者同士や家族同士で、やりたいことや目標がずれていることはありませんか？　一生懸命やっているのにわかってもらえないとつらいですよね。

「支援者向けの話を当事者が読む」「学校の先生が親向けの話を読む」のように、他の立場の方に向けた話を読むことで、共通目標を持つことの助けになるでしょう。立場の違いによる知識や目標のギャップに気づき、両者の〝文化〟を理解した通訳者の存在が、幸せになるために重要です。

さて、発達障がいのノウハウ本がたくさん出版されている中で、この本を手にとってくださったあなたが知りたいことは何ですか？　それは、

- 当事者の方であれば、どうしたら自分は幸せになれるのか
- 支援者の方であれば、どうしたら支援したい人は幸せになれるのか
- ご家族の方であれば、どうしたらみんなで幸せになれるのか

ということではありませんか？

初期の講演会では、ＡＤＨＤの詳しい解説やノウハウを一つでも多くお伝えしたくて、弾丸のように話していました。でも、ノウハウをたくさん伝えることが目的ではなく、参加者の皆さんが必要とする情報をゲットして、うまくいく条件を見つけ、行動に移していただくことが重要だと思うようになりました。そのためには、自分自身のことを振り返り、本当の目標を見つけるため、ご自身との対話が必要だと思います。

●障がいのある人や、たくさん失敗した人は、みんな不幸になるのでしょうか？
●幸福の条件は、障がいがないことでしょうか？
●みんなと同じにさせることは幸福になるために大切でしょうか？
●失敗しない人生などあるのでしょうか？
●自分自身が、大切な人が、うまくいく条件を知っているでしょうか？

最近、講演会では、このようなことを自問自答しながら、ご自身のお仕事、子育てなどを振り返っていただく時間になればと思い、お話ししています。この本も、いろいろなことを自問自答しながら読んでいただければと思います。

さらに講演会の感想で、一つ一つの内容をもっと詳しく聞きたいというお声をよくいただきますので、大切なキーワードの解説をしています。また、実生活で活用できないというお悩みも多く聴きますので、具体的なQ＆Aを章ごとにつけました。

発達障がいがあったり、その傾向のある人は、変わりたいのに変われない、うまくいく条件がなかなか見つからない、見つかっても実際にできない、と感じているかもしれません。

でも、何かを少し変えれば、あなたの未来は必ず変わり、時には、大きな変化につながることでしょう。まず、いろいろな人に相談し、いろいろな本を読み、最終的にはあなたが決め、行動する。そのことが、あなたの未来を作るのです。

この本を読んだ方が、何かに気づき、うまくいく方法を知り、実際にやってみて、ハッピーと感じる時間が1秒でも長くなることを心から祈っています。

もくじ

ライブ2　支援者の人たちへ～支援で変わる人生の質～

ライブ3　親御さんへ～親子で幸せになるために～……143

ライブ1

発達障がいがあってもよりよい人生を

1　おもな発達障がいの種類と基本的な特性

私ってADHDなの？

読者の方には、教育関係、医療関係などいろいろな分野の支援者の方や、保護者の方がいらっしゃると思いますが、少し私のことをお話しさせていただきます。

私は、昭和大学薬学部を卒業して薬剤師の資格をもっているのですが、現場で薬剤師として働いたことは一度もありません。どちらかというと心理学のほうに興味があり、薬剤師にはならず、アメリカの大学院で教育学とカウンセリング学を学びました。25年くらい前にアメリカの大学院に入り、向こうでは教育学部で学んだんですが、そこで「ADHD（注意欠陥多動性障がい）」というものに初めて出会いました。「こんなのがあるんだ！」とすごくびっくりしました。

実は、私自身にADHDがあります。

アメリカでADHDのことを学んだときに、「自分の今までの生きづらさは、ADH

Dがあったからだったんだ」ということがすごくよくわかりました。それからＡＤＨＤの研究にのめりこんで、アメリカで最先端の勉強をして、情報を収集しました。

日本に帰って来て、トム・ハーマンの『エジソンの遺伝子』という本を読み、「あの発明家のトーマス・エジソンも、ＡＤＨＤをもっていたんだ」と知ったことをきっかけに、プラスのイメージでＡＤＨＤを日本に紹介したいと思い、「ＮＰＯ法人えじそんくらぶ」を設立したんです。インターネットで「ＡＤＨＤ　えじそんくらぶ」と検索すると、すぐにホームページにアクセスできます。

「えじそんくらぶ」は１９９８年から、文部科学省や厚生労働省よりも早く、ＡＤＨＤの情報を提供しました。その後、文部科学省から「ＡＤＨＤのあるお子さんを支援したいので話を聞きたい」と連絡があり、いよいよ、特別支援教育がはじまりました。

２００７年まで日本では、ずっとＡＤＨＤの承認薬がなかったんです。だから、小児科のドクターもＡＤＨＤを知らないうちに、学校の先生の研修のほうが先にはじまってしまった。つまり、日本では逆転現象が起こっていて、学校の先生のＡＤＨＤの研修のほうが、医療従事者への研修よりも早くはじまったんです。

いまは、ネットの時代ですから、情報にアクセスできる親が最新情報をもっている状態になります。最近は小児科のドクターの研修の機会があるので、診断してくれるところが増えてきたんですが、これからの課題は成人ですね。

まだ成人のＡＤＨＤの診断は、非常にむずかしいです。残念ながら誤診もあるようで、薬が合っていないことがあります。薬剤師さんのところにも、薬が合わないというご相談があるかもしれないので、そういう場合はセカンドオピニオンをもらったほうがいいかもしれません。いろいろ日本特有の課題があります。

発達障がいの種類

ＡＤＨＤというのは、「発達障がい」と呼ばれている障がいの分類に入ります。発達障害者支援法が２００５年に施行されるまで、障がい者の分類に、発達障がいという分類はずっとなかったんです。

発達障がいに分類される主な障がいは、大きく分けて５つあります。

１番めはＡＤＨＤ（Attention Deficit/Hyperactivity Disorder）。「注意欠陥多動性障がい」、または「注意欠如多動性障がい」と訳されている場合もあります。不注意・

多動・衝動性が問題になる発達障がいです。

2番めはＡＳＤ（Autism Spectrum Disorder）。「自閉症スペクトラム障がい」と日本でいわれるものです。「アスペルガー」とか「ＰＤＤ」は、現在の分類では、この分類の中に一緒に入れられるようになっています。

3番めはＬＤ（Learning Disability）。「学習障がい」と呼ばれるものです。知的障がいがないのに算数ができない、読み書きができない、読み間違いがある。このなかには「ディスレクシア（dyslexia：読字障がい）」も含まれます。

もう一つ、他の障がいに合併することが多いんですが、ＤＣＤ（Developmental Coordination Disorder）というのがあります。「発達性協調運動障がい」といって、ちょっと運動音痴だったり、手先の不器用さがあったりします。

この4種類は、これまで障がいという分類には入っていなくて——診断名がつかないということですが——個性の延長線上であったり、「親のしつけが悪いせいだ」とか、「本人の努力が足らないからできないんだ」というふうにいわれたりしてきたものなんです。法律ができたことによって、このような障がいがあるということが提示され、支援の対象になりました。そして、5番めは従来からある「知的障がい」です。

では、主な発達障がいについて、簡単に特徴をみていきましょう。

ADHD（注意欠陥多動性障がい）のある人の特徴

・約束ややることをうっかり忘れる
・忘れ物・落し物が多い
・すぐ気がそれ、他のことをやってしまう
・整理整頓が苦手
・段取りが悪い
・根気のいる作業が苦手
・読書など同じ作業を長時間できない
・落ち着きがないと小さい頃よく言われた
・人の話を聞くのが苦手、自分で話したくなる
・よく考えないで行動する
・アイディアはいいが実行が伴わない

・朝令暮改が多い　など

ASD（自閉症スペクトラム）のある人の特徴

・言葉以外のメッセージの理解が苦手（冗談、皮肉など）
・相手の気持ちを察することが苦手
・集団行動が苦手（友人をつくるのが不得意）
・こだわりがある
・自分の好きなことを一方的に話す
・学者のような話し方をする
・自分の思い通りにならないと急に怒り出す
・漢字、数字、記号、データなど単純記憶が得意
・漫画やゲームの世界に入り込み、実生活との区別が苦手
・感覚過敏

・急な変化に弱い、臨機応変な行動が苦手
・文脈の中で単語や文章を理解することが苦手
・社会的サインがわからない
・自分の言動が相手にどう影響するかわからない　など

LD（学習障がい）のある人の特徴

・文字が読めない
・「きて」と「きって」の区別が困難
・飛ばし（単語、行）読みをする
・形が似た字を間違える
・文字が書けない
・板書に時間がかかる（書き間違いが多い）
・似た音を聞き間違える

・口頭での指示を聞き間違える
・左右がわからない
・地図がわからない（よく迷子になる）
・算数が苦手（数の概念がわからない）　など

2　障がいは理解と支援で個性になる ——ＩＣＦの考え方

日常生活に支障がなければ障がい者ではありません

発達障がいの理解と支援には、ＩＣＦ（International Classification of Functioning：国際生活機能分類）の考え方が参考になります。皆さん、聞いたことがあるでしょうか？

この考えによれば、**生まれつきコミュニケーション能力や実行機能などの心身機能**

に問題があっても、環境が良くて日常生活に支障がなければ、発達障がいという診断名がつかないことがある、ということなんです。

ここで少し、診断基準についてお話ししましょう。発達障がいの診断基準はＤＳＭ-５やＩＣＤ-10というのがありますが、基本的に「発達にアンバランスがあり、自分の努力だけでは改善しにくい生物学的な特性を持つ」ということです。

生物学的ということで、実はいろいろな発達障がいに関連する遺伝子があることがわかっています。つまり、発達障がいには家族性があるんです。お子さんがＡＤＨＤやＡＳＤと診断されると、ご両親、もしくは祖父母に、ＡＤＨＤやＡＳＤの特徴をおもちの方がいる確率が高いといわれています。ただし、発達障がいの場合は、ダウン症の染色体のように、「その遺伝子をもったら確実にダウン症になる」というものではありません。あくまでも、確率的に高くなるという感じですね。

皆さんびっくりするかもしれませんが、ＡＤＨＤになりやすい遺伝子というのが、25年以上前にもう見つかっています。私も初めてアメリカのＣＨＡＤＤ（Children and Adults with Attention-Deficit/Hyperactivity Disorder）で聞いたときは、椅子から転げ落ちるくらいびっくりして、**その当時３種類あり、全部あるとかなりの確率で**

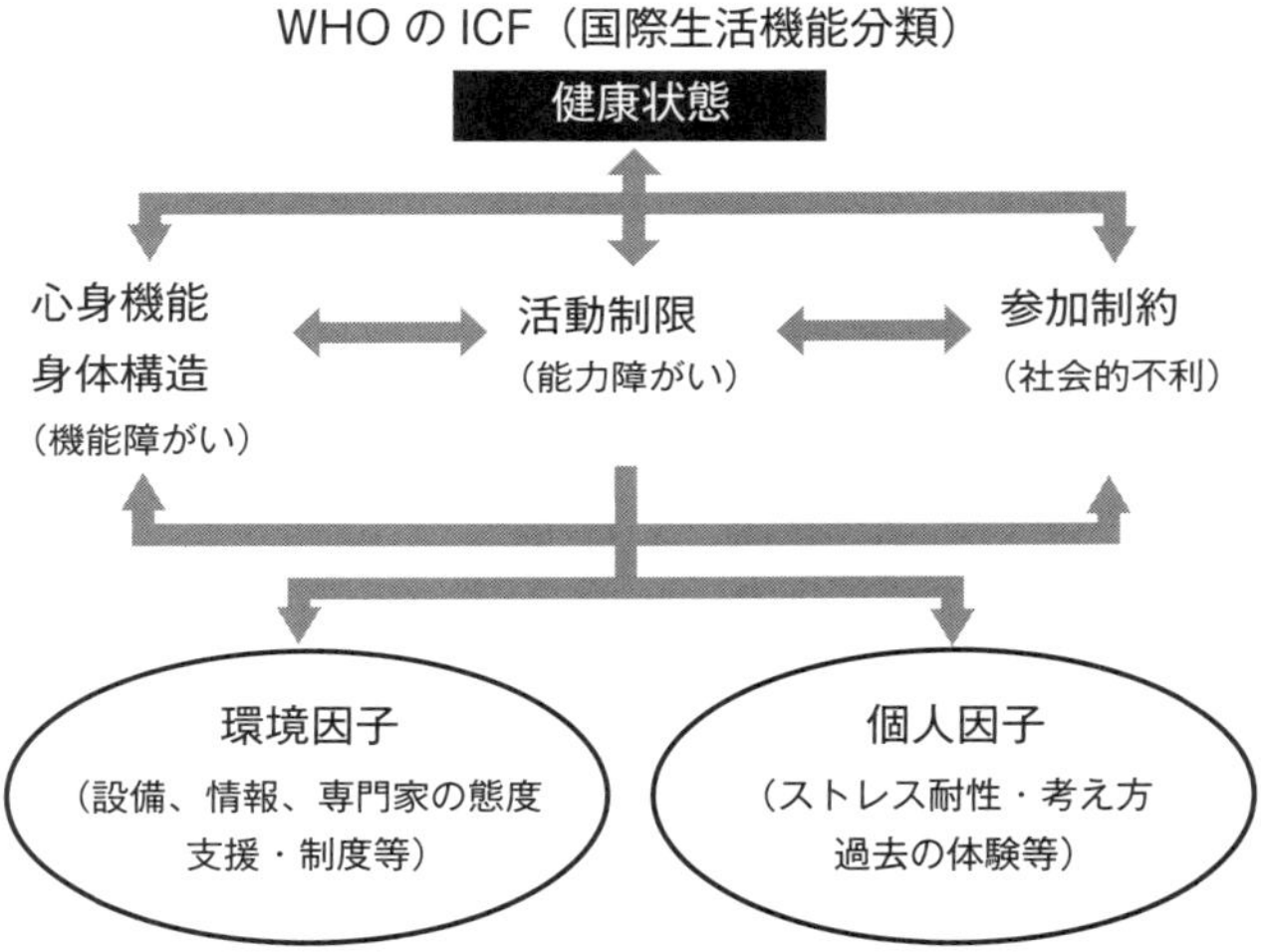

図１　ICF（国際生活機能分類）の図
出典『ＩＣＦ（国際機能分類）活用の試み』
（独立行政法人　国立特殊教育研究所・ＷＨＯ　編者）を一部改編

ICF（国際生活機能分類）とは…

人間の生活機能と障がいに関する状況を記述することを目的とした分類であり、健康状態、心身機能、身体構造、活動と参加、環境因子、個人因子から構成される。心身機能、身体構造、活動と参加、環境因子には合計1,424の分類項目が示され、一方、健康状態、個人因子には提示された項目はない。（文部科学省HPより）

ADHDになるということでした。

ですが、このような生物学的な特性をもっていても、すぐに診断名がつくわけじゃないんです。たとえばADHDの症状としては、多動・不注意・衝動性があるわけですけれども、それらの**チェックリストにあてはまるだけでは、ADHDと診断されません**。それプラス、「それらの特性のために日常生活に支障がある」ことが、もう一つの診断のポイントです。

ADHDという診断名がつくには、図1の「活動制限」「参加制約」にあたりますが、「12歳前から学校や家庭など、2か所以上でいろいろとトラブルがある」という、もう一つの条件があるわけなんです。視点を変えると、適切なサポートを受けていて生活に支障がなければ、診断名はつかないんです。

これに影響するのが、「環境因子」の部分です。環境因子には、WHOのリストによると、専門家の態度も含まれます。**専門家の「情報の差が支援の差」**といえるのは、専門家の方の研修の差だったり、特別支援教育がどのくらい進んでいるのかということも、「活動制限」や「参加制約」に影響するからです。環境因子はすごく重要だと思いませんか？

もう一つ影響するのが、「個人因子」です。WHOのICFに個人因子のリストは表記されていませんが、その人の考え方や成育歴などです。また、ストレスマネジメントができるかどうかなども含まれるでしょう。これは、とても大切です。

日常でできるストレスマネジメント法として、まず、お子さんを深呼吸できる子に育てることが有効です。特別支援学校で、深呼吸できない子がけっこういて、先生がびっくりしたという声をよく聞きます。ストレスがたまっているときは、呼吸が浅かったり、止まっているときがあるんです。「息を呑む」といいますよね。「過呼吸」もあります。ですから、ストレスマネジメント、アンガーマネジメントの基本、深呼吸がまずできるように日々の支援をお願いします。

個人因子に私が挙げた「考え方」というのは、個人の価値観です。「過去の体験」というのは、いじめ、それから残念ながら虐待なんですね。ですから、私は**支援者の方の仕事として大事なのは、親支援**だと思うんです。親がいちばん影響力があるからなんです。環境をつくるからなんです。**親のストレスを減らすと、間接的に子どもの幸せにつながる**と、私は信じているんです。

まとめると、発達障がいとは、その人の生物学的な特性や努力の問題だけで決まるのではなく、個人因子と環境因子、両方の作用が関係するわけです。自分自身が特性を理解し、親や職場の人たちも理解してくれる。周りの人がその人の自尊感情を傷つけるような言葉がけをすることなく、うまくいくような環境調整ができて日常生活で困らなかったら、ＡＤＨＤやＡＳＤなど、発達障がいと診断名はつかないんですね。

ただ、ここの判断がなかなかむずかしく、チェックリストをつける親や教師の主観が入る可能性があります。これが、診断名があとで変わったりする理由の一つでもあります。

ＩＣＦのモデルは、わたしが中央教育審議会の委員をしていたときに、特別支援教育の学習指導要領の改訂があったので、そこに入れることを提案し、解説の部分に入ることになりました。特別支援教育に従事している先生はもちろん、すべての教育関係者の方に、どこかでこのモデルについて研修を受けてほしいなと思います。

発達障がい、とくに高機能――知的障がいのない方を支援するときに、ＩＣＦのモデルの理念は有効です。なぜなら知的障がいはなく、機能障がいも軽いけれども、それゆえに支援がなく、日常生活の支障は重篤ということが多いからです。ですから、医療的治療の対象である機能障がいにフォーカスすると同時に、「環境因子」や「個人因子」のところを整えて、「活動制限」や「参加制約」をなくすことが重要なんです。

3　支援には効果的な順序がある
——マズローの欲求の階層

支援者の方なら、支援がうまくいかなかったり、アドバイスが入らない親御さんや、しっかりと指導をしたいのに指導が入らないお子さんがいたりすることがあると思います。**いい支援でもタイミングが悪いとうまくいかない**んです。お母さん方がお子さんに指示をしても聞いてもらえない、これもタイミングが関係します。これを皆さん、感じていませんか？

どういうことか、図2「マズローの欲求の階層」を見てください。マズローは、人間の欲求には階層があって、これは下から満たされる必要があると言っています。これがしっかりと満たされていないと、「どんなにいい支援でも入らない」ということがあります。

この図の下から4番めまでの欲求が満たされないと、すぐにでも満たしてあげなければならないと、マズロー博士は言っています。下から4番目までのそれぞれの階層について、詳しく説明していきます。

1　生理的・身体的欲求

1番下の「生理的・身体的欲求」は寝る、食べるというところです。とくに保育所や小学校の先生方は、行動の問題があるお子さん

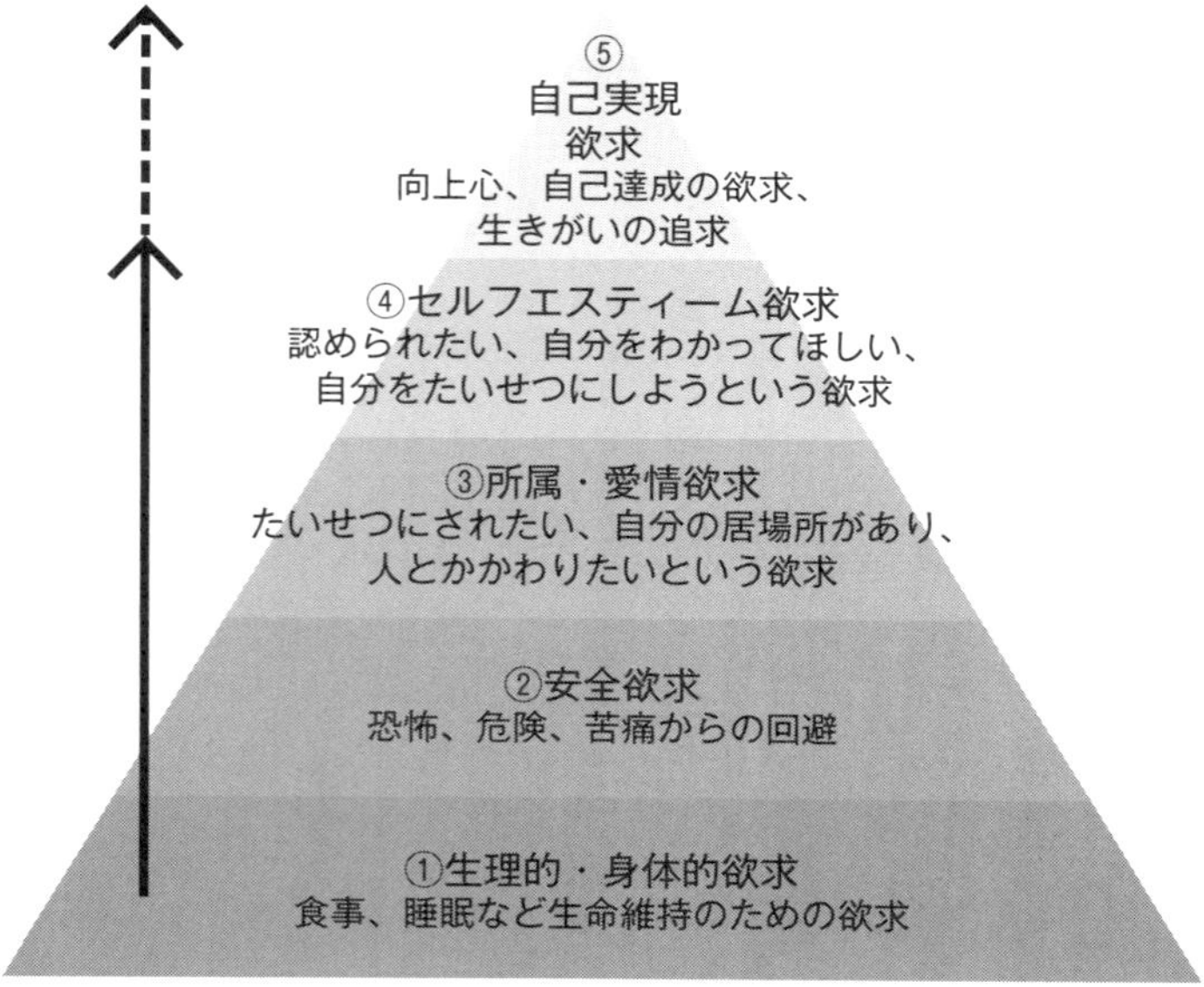

図2　マズローの欲求の階層
出典『育てにくい子に悩む保護者ブック』
(Potter P. A, & Perry A. G, 1991, “Basic Nursing” の図を翻訳、一部補足)

の睡眠チェック表を、親御さんにつけてもらうといいです。「寝ていないときは、多動・不注意・衝動性が出る」という因果関係を知ってもらうことが大切です。働いているママだとしかたないことですが、お子さんの睡眠も遅くなってしまいがちなんです。それから朝食も大事です。皆さんも、寝ない食べない状況だと、イライラしたり、集中力が継続できなかったりしますよね。

①睡眠の効果

成長ホルモン：皆さんのお子さん、支援したい方、そして皆さんご自身はいい睡眠をとっていますか？　適切な睡眠は、心の回復力（レジリエンス）を高めます。

「食べないと大きくならない」というイメージはもちろんあると思いますが、質のいい睡眠をとると成長ホルモンが出ます。だから「寝る子は育つ」というのは本当なんですね。

私たち人間の体のサイクルは25時間ですが、同じ時間に寝る・同じ時間に起きる・同じ時間に食べるということで、25時間になるといわれているんです。ですから、好き勝手な生活をしていると、すぐに昼夜逆転してしまいます。

赤ちゃんとか小さいお子さんは、寝る時間がすごく長くて、しっかりしたサイクルがはじめはできていないんですが、だんだんに起きている時間が長くなります。このサイクルをつくるために大切なのが、太陽の光です。

午前中に太陽の光を浴びると、心が安定する神経伝達物質セロトニンができるといわれています。この物質が夜になると、睡眠を促進する物質メラトニンになるんですね。ですから、**午前中に光を浴びるということは、寝ることと心の安定にはとても大切**なんです。

学習の定着：睡眠中は、学習したことが定着する時間でもあります。だから、一夜漬けって長期記憶になりにくく、忘れちゃうんです。このマズローの欲求の階層は、受験のときにも大切な視点です。学習意欲を出すためにも、寝ることが大切なんです。宿題も、深夜2時までとかやることはないんです。2時までやらないとできないということは、いろいろな意味でその子に合っていないんです。量を減らしてあげたほうがいいですよね。寝ないで勉強するっていうのは、あんまりよくないと思います。

マイナスの感情の消去：それから、**睡眠中にはマイナスの感情が消去される**ということもあります。寝ている間に、嫌な感情が洗い流されるんです。「一晩寝たら忘れちゃう」、本当にそういうことがあるということなんです。

実は最近、「適切な睡眠をとると認知症になりにくい」といわれているんです。認知症の原因になるといわれている脳内物質も、睡眠中に洗い流されるそうなんです。そういう意味でも、睡眠を大切にしないといけないです。

②食事の重要性

それから、食べること。体のなかにはいろいろな体内時計があって、朝ごはんを同じ時間に食べることで、活動のスイッチが入るといわれています。

食事で大切なことの一つは、朝食で、炭水化物をきちんと摂取することです。炭水化物の不足は低血糖をまねき、アドレナリンという興奮させるホルモンが出て、多動になります。ですから、ＡＤＨＤかもしれないと疑われる子どもにきちんとご飯を食べさせたら、症状がおさまるという場合もあります。一時期、「落ち着かない、集中できない子が増えた」「その子どもたちは朝食をとっていなかった」という報道がありました。朝食を抜かしたためにADHDになることはありませんが、多動の背景には低血糖の問題もあるんです。

寝ていない、食べていないということはないかを確認することは、虐待、とくにネグレクトのチェックにもなります。虐待が疑われる子の中に、寝ていない、食べていない子がいませんか？ **「薬よりおにぎりが必要」という子がいます。**情緒障がい学級の子で、薬を早く飲ませたほうがいいという感じだったのが、実はおにぎりのほうが必要だった。食べたら落ち着いた子が実際にいます。

この見立てが重要なんです。薬かおにぎりか、どちらにトライするのかといったら、欲求の階層からみても、先におにぎりにトライしたほうがいいんです。**支援がうまくいかないのは、理由があるはず**です。同じことを繰り返さないで、マズローの欲求の階層をチェックしてみてください。

2　安全欲求

2番め「安全の欲求」ですが、感覚過敏のある子はこの欲求が満たされていないので、上位の「学習意欲」はなかなか出てこないということです。

感覚がとってもデリケートなお子さんには、他の子がなんでもないと思っている声が嫌だったり、わさわさしているところだと不安になったり、シャワーが痛いといったり、洋服のタグが痛いといったり、あとは匂いが嫌、食感が嫌で偏食になったりする子がいます。まず、こういうのを取り除いてあげることが、安全欲求を満たすには大切です。

それと、せっかく生理的欲求を満たす食事でも、偏食指導は気をつけてしないと、安全欲求をおびやかすことになってしまいます。たとえば、朝からママが頑張って「一日30品目食べさせなきゃ」と思ったりして、子どもが苦手なものを一生懸命子どものために食べさせようとすると、そこで安心・安全が満たされなくなってしまい、ちょっと虐待っぽくなってしまうのです。

また、安全欲求は、言語表出やコミュニケーションの強制によってもおびやかされてしまいます。学校で「前に出て発言しなさい」というのは、とくにきつい。よく大人が、「失敗しなかった?」「お友だちと仲良くできた?」とか聞きますね。でも、あんまり無理に聞き出そうとすると、それが嫌ということもあります。

そういうのが苦手な子もいるよ、というのを支援者の方や先生方が知っておいて、

「座ったままで意見を言ってもいいよ」という、ちょっとした配慮ができるかどうか。これは、支援者のセンスにかかわってきます。「不安そうだな、マズローの階層でいうと安全欲求が満たされていないんだな、それだったら別に前に出てこなくてもいいか」、そう思えるかどうかです。

3　所属・愛情欲求

安全欲求のつぎは「所属・愛情欲求」。お家に居場所があるか、学校や園に居場所があるか、地域に居場所があるかということです。そして、愛情。「愛のムチ」っていいますけれども、お子さんが愛情を感じていたら、ちょっとくらい怒鳴っても叱っても大丈夫なわけなんです。相手が「愛してくれてるから怒ってくれるんだ」ということがちゃんとわかっていれば、伝わるんです。

これがわからない小さいお子さんや、ちょっと発達障がいがあって相手の感情がわかりにくいタイプのお子さんは、気をつけて叱ったほうがいいです。なぜなら、**「愛のムチ」に相手が愛情を感じられなかったら、それは、ただの「ムチ」**だからです。怒りだけが、相手のなかに残っちゃうんですね。

私は小学6年生のとき、はじめて家出をしました。衝動性があるから、気がついたらぽっと家を出ちゃった。出ちゃったけど、どうやって家に戻ろうとか考えてたんですね。それで家に戻ると、父親がすごく怒ったんです。「どこに行ってたんだ！」って。そのときに私は、父親の愛情を感じたんです。「へえ、私30分ふらっと出ただけなんだけど」って。それも思いつめて出た感じじゃないんですよね。ADHDだから気がついたら「家出する！」って言って出ちゃった。それでもこんなに怒るなんて、「私は愛されているんだな」って思ったんです。

怒りの下にある感情に気がつくタイプなら、叱っても怒っても、まあ大丈夫かもしれません。でもそのとき私は、小学校6年生だったのでわかったんですけれど、3歳のときだったらまだわからなかったと思うんですね。**叱るのは相手の年齢と、特性に合わせて**ということになってくるんです。

4　セルフエスティーム（自尊感情）欲求

所属・愛情の欲求の上の層は、「セルフエスティーム（自尊感情）欲求」です。セルフエスティームは、「性格・長所・弱点・障がい・特技・外見」など、自分のすべての要素をもとに作られる自己イメージに対して、自分の価値を評価し、自分を大切にしようと思う、という気持ちです。これが高まると、子どもは伸びていきます。自分は価値ある人間だと思えるので、自分を向上させるために注意されたことも素直に聞き入れることができます。

この欲求を満たすには、**ほめるだけではなくて、「自分は大切にされている」と感じてもらうことが重要**で、そう感じられると「自分を大切にしよう」という気持ちになるわけです。

セルフエスティームは、とくに発達障がいのある人たちには、とても大切な概念です。みんなが普通にできることができず、叱られやすいので、自己イメージが下がって、自分を大切にしようという気持ちが弱くなりがちなんです。

ところで、日米の10代の子どものセルフエスティームの高さを比較した研究では、日本の子どもの方が低くなっています。日本には、「同じでないとだめ」という価値観がありますよね。**日本では、「違う」という言葉を「同じでない」という意味だけでなく、「間違っている」という意味にも使っているん**です（同じように「普通の」という言葉も「共通の」と「正常な」というふたつの意味に使われます）。そのため、これらの言葉を使うときは、使う人の気持ちに反して、相手のセルフエスティームを下げてしまうことがあります。これは十分に気をつけないといけないと思います。

しかし、セルフエスティームは高ければいいというものではなく、**自分を客観的に見る力も同時に育てないと、自信過剰になり、アドバイスが入らなくなることがあるので注意が必要**です。また、大人が「以心伝心」と思って、顔つきとかしぐさとかいろいろな形で伝えているメッセージは、発達障がいの人は受け取りにくいので、言葉でしっかり、「あなたは大切な存在」と、わかるように伝えることが大切です。

ここまでの４つの欲求がしっかりと満たされていると、その上の部分の学習意欲が出てきて「頑張って勉強しよう」とか、「もっと上を目指してこういうことをしてみよう」というふうになるといわれています。つまり、何かアドバイスをしたり、これをしなさいと言ってうまくいかないときは、もしかすると、階層の下の４つの部分が満たされていないのかもしれない、そういうふうに考えていただくといいかもしれないです。

4　見立ての新しい視点
――ラスクの神経心理ピラミッド

神経心理ピラミッド

マズローの欲求の階層からみても、支援には効果的な順番があるとお話ししましたが、もう1つ紹介したいピラミッドがあります。高次脳機能障がいの人のリハビリテーションに使われる、神経心理ピラミッド「ラスク（Rusk）のモデル」というものです。

ケガや病気などによって脳が損傷を受け、認知機能をつかさどる部位に影響が出る、これによっていままでできたことができなくなるというのが、高次脳機能障がいです。これは、因果関係が非常にわかりやすいんです。事故のせいで記憶がうまくできませんとか、ちょっと心的エネルギーが弱くなっていますとか、抑制が利かないんですとか、ドクターがそう説明したら納得しませんか？　高次脳機能障がいによる認知機能障がいは、後天的なんです。

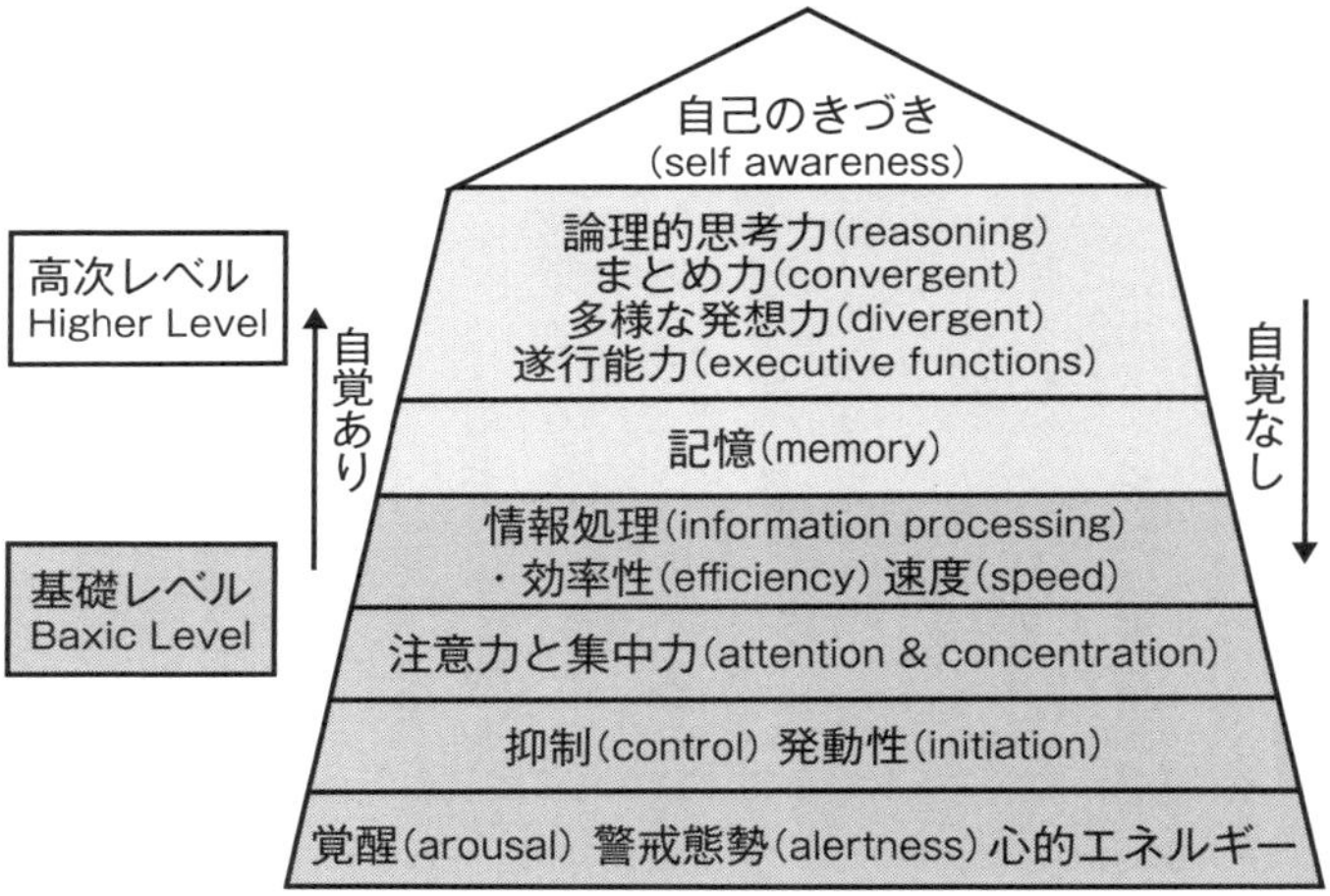

図３　神経心理ピラミッド
出典『高次脳機能障害　どのように対応するか』(PHP)

それに対して（ＡＤＨＤでいえば覚醒が悪い、集中力がないなど）、発達障がいがある場合の認知機能の特性は、生まれつきなんです。このモデルで高次脳機能障がいと発達障がいの子ができないことを比べると、認知機能障がいとしては同じなので、その子のせいじゃない——つまりわざとやっているわけではないということが、明確にわかっていただけると思います。

ここでお伝えしたいことは、この神経心理ピラミッドも、マズローの欲求の階層同様、下のほうから順番にクリアされなければ、いきなり上のところにはたどりつかないということです。よく「自己の気づき（メタ認知）が大切」ということがいわれて、「自分の行動を理解して、反省しなきゃいけないよ」と叱ったり指導したりすることがあると思いますが、いちばん下の「覚醒」がちゃんとしていない子にそう言ってもむずかしいですよね。だから、まず睡眠ということになります。

いちばん下の階層がうまく機能していない状態は、いわゆる「神経疲労」といいますが、ここの「警戒態勢」、つまり不安があると、それだけでその上の「自己の気づき」や「論理的思考力」、他にも何かを記憶する、集中するなんてできないってことなんです。自己コントロールができないといってアンガーマネジメントをする前に、十分な睡眠がとれていて覚醒しているのか、不安がないかを確認したほうがいいでしょう。

皆さんも、たとえば黒板をひっかく嫌な音が続くなかで、何か集中が必要な作業をしろと言われても、できませんよね。効率性だったり論理的思考だったりも働かないと思いませんか? **感覚過敏があるというのは、高次レベルの認知機能が働かない状態になりやすい**のです。

嫌なことが多い子がいたら、下からそれがクリアされているかどうか、ラスクのモデルをチェックしてあげると、より効果的な支援になると思います。この図の下の部分、「基礎レベル」をしっかりとクリアしないと、なかなか「高次レベル」にはいきません。漢字を覚える練習をする前に、サポートすべきことがあるということです。

神経疲労の話は、とくに通常クラスの先生方は知らない人が多いと思います。音や接触など感覚過敏がひどいとストレスが多く、それだけで疲れ果ててしまっている子がいるんだということを、先生方に知ってもらいたいんです。運動会を嫌がる子は、ワガママではないことがあります。運動会じゃなくても、刺激の多い集団の中にいるだけでも毎日疲れている子がいるんです。

発達障がいの子の特性は、生まれつきのことがほとんどです。**周りの人が気づいてあげないと「気合いが足りないダメな子」というレッテルがついてしまいます。**

5　実行機能と薬

神経心理ピラミッドのなかに「遂行能力」とありますが、これは「実行機能」ともいいます。ADHDの特性はおもに、実行機能障がいからくるものなんです。

発達障がいのなかでADHDは、薬によって一時的な症状の改善がみられる障がいです。使われる薬はおもに、実行機能のはたらきを改善します。薬物療法も含めた支援と対策をする上で、「**単なるなまけものではない**。気合いが足らなくて、行動が最後までできない、ということではない。だから薬物療法も含めた専門的な支援が必要である」ということを説明するためにも、この実行機能というのは、重要なキーワードになると思います。

ADHDの支援のキーワードは「実行機能障がい」

発達障がいの方は、やりたいと思ったことがなかなか最後までできないということがありますよね。それから、指示や約束を忘れてしまったり、ルールをうっかり忘れて何かをしてしまったり。これは本人がそうしたい、あるいはそうしたくないと思っても、できない。それは、この実行機能の問題だったんです。

実行機能は、前頭前野（額の裏側）を中心とする脳の働きです。発達障がいの人だけでなく、うつ病や統合失調症の人にも実行機能障がいが出ます。それからちょっとびっくりするのは、インターネットゲーム障がいの場合も、実行機能障がいが出てきます。

私が20年前にアメリカの大学院で教育学を学んでいるときに、子どもと大人のADHDを支援するCHADDという団体が主催する4日間の学術集会で、ラッセル・バークレー博士という、発達障がいの分野でとくに実行機能研究の第一人者の方が、実行機能障がいについての講演をされたんです。私はそれを生で聴きました。

これを聴いて、とてもがっかりしました。先生が話している実行機能障がいのとおり、「ああ、私、これみんなできないな……」と思いました。でもこの「ADHD」と**「実行機能障がい」というキーワードで、なぜいままでの人生がうまくいかなかったのか、謎が解けた**気がしたんですね。

ADHDにおける実行機能障がいというのは、神経伝達物質が足らないことによっ

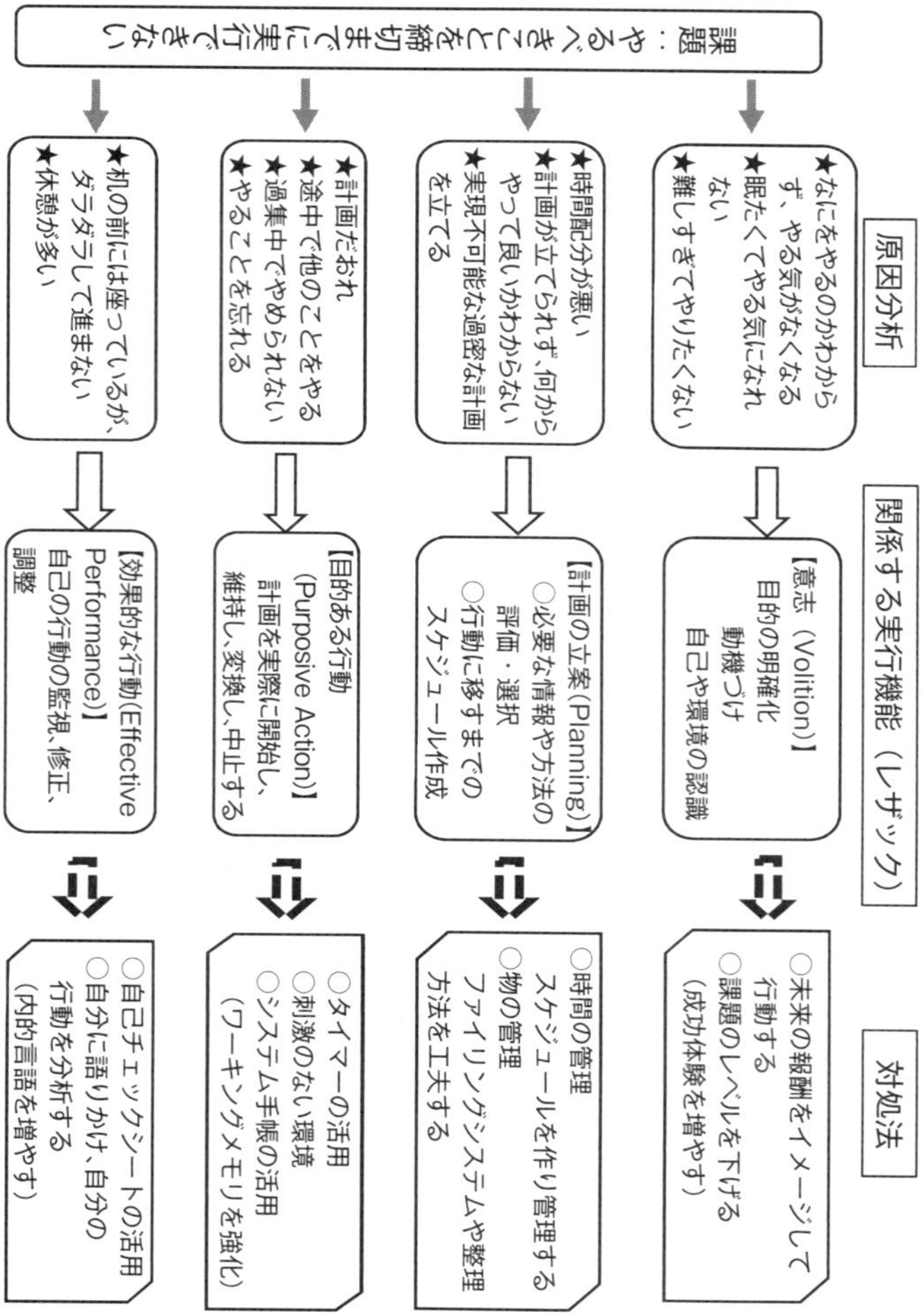

図４　実行機能のフローチャート
出典『えじそんブックレット　ボクたちのサポーターになって!!　2』

て起きていると考えられています。ドーパミンが足りない、ノルアドレナリンが足りない、それで実行機能がオンになっていない場合は、当然、それらを増やす薬が効くということになります。アメリカのデータでは、ＡＤＨＤの75％以上の人が薬に反応するといわれているんですね。

このように留学中に、実行機能障がいが薬で治るということを初めて知り、とてもびっくりしました。その後、日本で**ＡＤＨＤと診断されて、薬を飲んだのですが、なんと30分後に実行機能スイッチオン**。本当によく効きました。生まれて初めて、４時間お掃除ができたり、文章のチェックができたんです。人生で初めて、「集中してひとつのことができる」という体験でした。

それで、「私の脳はドーパミン不足なんだ」ということを痛感しました。前頭葉にドーパミンが足らないというシンプルな理由ですから、効く人には非常に効きます。私が障がい受容できたいちばんのきっかけは、この、薬が効いた体験だったんです。**効く薬があるということは、その人が悪いということじゃない、もともと何かの機能が働いていない**ということなんですよね。

ＡＤＨＤの薬は、ドーパミンを出すコンサータという薬と、ドーパミンよりもちょっと弱いんですが、ノルアドレナリンの分泌を増やすストラテラという薬、そしてインチュニブという薬が2018年現在、日本で承認されています。

だからといって、「だったらみんなすぐにお薬飲めばいいじゃない」という話ではなく、**ドーパミンは会話で増やすことができます**。ですから、教育学的なサポート、あるいは身近な人の思いやり、まずはそこからなんです。ですから、**「どうドーパミンを増やす言葉がけをするか、うまくいく条件を探していくか」ということが重要**です。ドーパミンを増やす環境をつくれば、薬を飲む必要がない。もしくは、少なくなるということになります。

あるとき、「子どもに薬は絶対飲ませたくない」という薬剤師の方が相談にこられました。そこで、「ADHDは実行機能障がいと言われていて、実行機能をONにするためには、ドーパミンを増やす薬を飲むか、飲まなくてもお母様がほめれば、ドーパミンを出すことができますよ」と、メカニズムを説明したんです。

ADHDのお子さんの場合、全部できたらではなく、4分の1できたらほめる、半分できたらほめるということをすれば、達成感が生まれてドーパミンが出て、こんどはその行動を繰り返すようになるんです。

その方は「できたらほめる」という基準のため、なかなか自分の子をほめられなかったのですが、薬の代わりになるならと、「半分できたらほめる」というのを実践しました。これは親だけでなく、学校の先生など、他に上手にほめてくれる人でも本人が達成感を感じれば、同じ効果があります。

薬で心の傷は癒せない

『病の語り』（アーサー・クラインマン著、邦訳版は江口重幸他訳。１９９６年、誠信書房）という本では、障がいとか病気には、２つの側面があると紹介されています。

●疾病（disease）：医学的・生物学的側面：治療（薬物治療）
●病い（illness）：個人の認知的・心理的側面：癒し（薬でできないこと）

同様に障がいにも２つの側面があり、ＡＤＨＤでいえば、「おもに実行機能をオンにすることが困難」というのが「医学的・生物学的側面」ですよね。この側面の問題を解決する、つまり「治療」するには、薬物治療が効果的である。それには医療との連携が重要になりますよね。

もうひとつ、「ＡＤＨＤという診断名がついた」「今まで失敗し、叱責され傷ついた」

ということをどう受け取るかという、「個人の認知的・心理的側面」があります。この側面の問題を解決するには「癒し」が必要になります。

これは、薬ではできないことです。私の場合は受容してカミングアウトしちゃってるので、この部分は問題ないのですが、「私、障がい者なんだ……」と、そこからうつになる人もいるわけです。「診断名がついてよかったね」という人もいれば、そこから落ち込む人もいるんです。こういう場合は、心のケアがいるので、学校の先生や、とくに心理士との連携が必要になります。カウンセラーに、お子さんや親に対して、薬にはできない、この「癒し」のサポートをやっていただきたいん

≪薬にできること≫
1　落ち着かせる
2　集中時間を延長させる
3　衝動性を減らす
4　攻撃的な態度を緩和させる
5　抑うつ、不安感を減らす

≪薬にできないこと≫
1　好ましい行動を理解し、増やす
2　対人関係や学習のスキルを学び、実践する
3　弱点を理解し、悪化した感情を改善する
4　成功体験を増やし、自信とやる気をもたせる

表1　薬にできること・できないこと

です。

治療をしても、「多動が治って良かったね」という話じゃない場合もあるんですよ。「あの子すごい元気で好奇心旺盛だったのに、ずっと座ってて、あの子らしさが消えて悲しいんです」と親が言うかもしれないんです。ですから、発達障がいの場合は「咳が治って良かったね」というのといっしょにはできないんです。特性は、その子の「個性」に直接つながっているところだからです。実のところ、このように「静かになったけれどこれでいいのでしょうか」という悩みのあるお母さんもいるわけです。

カウンセラーなど専門家のところまでいかなくても、こういった複雑なつらさに寄り添ってあげることが大事になります。

6　発達障がいの特性が才能になる条件

実は、発達障がいの特性には、才能になるという側面もあります。発達障がいの特性だけではなく、**「人のすべての性格に、完全に『悪いもの』はない」**と私は考えます。たとえば「こだわりがある」という性格ですが、何にこだわるか、いつこだわるか、どれぐらいこだわるか、つまりＴＰＯや度合いによって、長所にも短所にもなると思うのです。

ですから、特性をうまくコントロールして才能にすることができたら、当事者も周囲の人もハッピーになると思います。

「エデュケーション（education）」という言葉がありますが、その語源はラテン語の「educatus」で、これには「引き出す」という意味がありますので、「良いところを引き出す」というのが、エデュケーションに含まれる意味です。一方で、教育の「教」という文字の語源は、ムチで打つところの象形文字だそうです。ということは、「愛のムチ」が基本です。

この愛のムチですが、「あなたのためを思って」とか「あなたを愛しているからあえて厳しくしているの」という感覚ですが、日本式の教育で気をつけなければいけないのは、相手が愛情を感じられなかったら、ただのムチになりやすいということなんです。

ぜひ視点を変えて、せっかくある特性や性格をプラスに意味づけして、「才能」として伸ばしていただきたいと思います。こだわりのおそば、こだわりのワインといったように、商品開発や研究、芸術の分野でのこだわりは、貴重な才能ですよね。

私は「才能としてのＡＤＨＤ」の側面を引き出してくれた、いい先生との出会いがありました。私が日本で出会ったいい先生たちは、すべてＡＤＨＤのことは知らない通常クラスの先生でした。ＡＤＨＤのことは知らないけれど、いいところを引き出してくれました。たとえば、中学生のとき、「君はよくしゃべるね、弁論大会に出てみたら?」と言われて、出場したら優勝しました。これで「やる気スイッチ」オンです。

いまでは多いときで、年間１００回くらい講演していますが、ＬＤがあることもあり、原稿を一切書かないんですよね。講演直前に、主催者に「どういう参加者の方がいますか?」と聞いて、その方に合ったお話をしてるんです。いい先生と出会ったことで、そういう能力が伸びたんです。

- 本番に強い
- 企画立案が得意
- スピーチが得意
- 運動能力にすぐれている
- 新しいことに興味を抱き、前例のないことに挑戦する
- 切羽詰った時に能力を発揮する
- トラブルがある時、臨機応変に対応する
- 行動力がある
- その気になるとすぐ行動する
- 斬新なアイディアをだす
- アレンジ力がある
- 一度集中すると、能力を最大限発揮する

表２　才能としてのADHD

- 行動に裏表がない、誠実
- 視覚的な記憶力がいい
- 聴覚的な記憶力がいい
- 美術系の才能がある
- 興味のあることには強い知識欲がある
- 規律をしっかり守る
- 周囲に影響されない
- じっくり同じ作業を継続できる
- 自分がやると決めたら意志が固い
- 単純記憶系の勉強や作業が得意
- 統計や分析がすき
- 研究などに寝食を忘れて没頭する

表３　才能としてのASD

7　日本特有の課題の理解が支援のポイント

才能が発揮されるかどうかは、環境が左右するところが大きいんですが、ここからは、日本における発達障がいをめぐる課題について、話していきたいと思います。

〈支援や教育をめぐる課題〉

1　診断・支援の地域格差が大きい
2　発達障がいの知名度の低さによる不適切な対応
3　重篤な二次障がいが出現するまで受診しない状況
4　児童精神科医が少ない
5　学校・職場・家庭での理解不足
6　専門家が常勤で学校にいない!?

7　「高機能」への支援が少ない

〈日本の文化を背景とする、日本特有の課題〉

・障がいのマイナスイメージによる受診拒否
・「良妻賢母」という価値観に苦しむ女性の当事者
・三世代同居：祖父母、父親の発言権が強い
・問題行動は脳の生理学より精神論で解決
・薬物療法に対する拒否感が強い
・遺伝、障がいの話はオープンにしない
・「同じ」であることを重視する子育て・教育観

支援や教育をめぐる課題

1　地域格差

診断にも地域差があります。まず、３歳時検診に発達障がいのチェックリストを入

れているところと入れていないところがあって、すごく格差があります。教育分野のほうが進んでいる地域は、親も教師も発達障がいの情報をたくさんもっています。

実際にこういうケースがありました。学校の先生は研修が進んでいるので、「この子はもしかして、ＡＤＨＤかな」という見立てが早くできるようになっているんですが、それでその先生が「うちの子は、どうやらＡＤＨＤらしい……」ということで、病院に連れて行ったんです。

そうしたらドクターが、「違います」と言ったんです。ＡＤＨＤのお子さんって、初対面はけっこう愛想が良くて、いい子に振る舞えるんです。そのドクターは当時、重篤なケースしか診ていなかったから、まだ問題が多くなる前にその子が受診したので、ＡＤＨＤとわからなかったんです。

結局、診断名がつかず薬も出ず、何年か経って大学入試のときに、集中力が出ないのでということでもう一度病院に行ったら、ＡＤＨＤと診断名がついた。それで薬が出て、薬を飲んだら集中力が高まって、成績がぐんと伸びたんです。その子の場合、見立てが早かったから、二次障がいにほとんどなっていなかったのが救いでした。

病院の先生でも、意外と重篤なケースしか診てない先生が多いんです。だから、軽めの症状で病院に行くと、「あなたは違う」と言われてしまうというケースもあったりするんです。

軽めの方を診断するというのは、逆にむずかしい時があります。学校の先生が発達障がいの見立てができるのは、とくに都市部は発達障がいに関する研修がいっぱいあるからなんです。ですから、地方の支援者の方にも、最新情報をゲットしていただきたいと思います。

それから親御さんで頑張っている人でも、家から一歩外に出ると、周囲の目が気になってうまくいかないという人もいますね。いろいろなことを学んで、「ほめてあげることが大切なんだ!」と、一生懸命やっているんですが、おおやけの場でほめると「なんでこのお母さん、こんなにほめてるの?」と、白い眼で見られた。それで、家だとうまくいくようにできるけれど、外だとそれができないという方がいます。本当に、地域の方々への啓発が重要なんです。

2　発達障がいの知名度の低さによる不適切な対応

障がい特性が単に本人の努力不足、性格の問題とされて、自尊感情が傷ついて、うつ病とか適応障がいとか摂食障がいとか、そちらのほうにいく。これが「二次障がい」です。**親や本人が、発達障がいがあるということに気がつかないで、二次障がいになってやっと気づく**ことがあります。

何か特徴的ことがあった、たとえば不登校とか学業の不振とかクラスでいじめにあうとか、日常生活で支障が出たときに、たとえば、たまたま本を読むとかテレビを見て「もしかして、うちの子は発達障がいかな」と気がついて、インターネットで検索して情報をえて相談機関に行くということがあるわけですけれども、気がつかないとずっと実力を出せないまま成人になってしまいます。

「シャワー」のようにさまざまなストレスをあびたことが原因で、成人になってからうつになり、精神科に行くとうつ病という診断名がついたけれども、「実はうつ病の下に隠れて発達障がいがあった」ということはよくあります。ところが、それがわからなくて、うつ病の薬が効かない。そういう状態になる場合もあるわけです。

3　重篤な二次障がいが出るまで受診しない状況

重篤な「二次障がい」が出現するまで受診しないということが、日本の場合は多い

んです。心理士の方の中には、「多動・不注意・衝動性の問題で薬を使うんですか？セラピーでしょ！」という考え方の方もおいでです。1年間セラピーをやっても何も変わらないのに、ADHDと診断されて薬を飲んだら、30分後に多動・不注意・衝動性が収まるということもありました。薬に対する考え方の違いも、むずかしいかなと思います。

4　児童精神科医が少ない

日本では発達障がいの情報がまだまだ少ないので、二次障がいになったり、愛着障がいとの合併があったりすることがほとんどです。その場合は、児童精神科医に診断していただくことが理想ではありますが、児童精神科医が現在350人程度と少なく、小児科と比べて敷居が高いという問題もあります。ですから、発達障がいの診断がつく前に、小児科受診で消化器系などの不調、不眠を訴えたり、けがが多いお子さんがいたときに、もしかしたらパステルゾーンの可能性があるかもという視点で診ていただき、必要に応じて、児童精神科と連携を取っていただければと思います。

また、長期間にわたり虐待を受けると、愛着障がいになることが多いのですが、愛着障がいでも多動・不注意・衝動性が出てきたり、視線が合わなかったり、コミュニケーションに問題がある場合もあります。発達障がいの特徴ととても似たような症状ですので、児童精神科医に生育歴を丁寧に見てもらう必要があります。**見かけの特徴が、発達障がいととても似ているので、注意が必要**です。

私は児童養護施設で働いていたことがあるのですが、児童養護施設ですから、ほぼ99％虐待を受けた子が入っていました。その子たちにＡＤＨＤのチェックテストをすると、80％くらいの子がＡＤＨＤの基準を満たすんです。多動・不注意・衝動性の３つ、いずれにもあてはまります。だけれども、ＡＤＨＤじゃないんですよね。そういうことを知らないと、小児科のドクターがＡＤＨＤのチェックだけをして薬を処方した場合、当然効くはずがありません。ＡＤＨＤと愛着障がいはメカニズムが違うのですから。そこの見極めが、児童精神科医でないとむずかしいと思います。

なにより、適切な薬物療法のために必要なのは、正確な診断なんです。

5　学校・職場・家庭での理解不足

なかなか受診しないケースというのは、これは地方に多かったりしますけれども、祖父母・父親の発言権が強かったりして、「薬なんか飲む必要ないでしょう」と一言いうと、それでもう飲めない、そういうところもあるんです。「落ち着きがないのを薬で治すなんて考えられない」という感じですね。

多動・不注意・衝動性といった問題行動は、脳生理学的にいろいろ説明がつくのですが、地方にはまだ、精神論が根強いところがあるようなんですね。日本らしいといえばそうですよね……。他の薬物でもそうですが、薬物療法に対する拒否感は、地方ではまだ非常に強いです。

さらに、同じであることを重視する子育て、教育観の中で、どうしてもＡＤＨＤの人は浮いちゃうんですよね。そういう意味でも、**診断名がつく前の支援は、非常に重要**です。

「親のしつけが悪い」と、母親が責められる問題もあります。地方も含めて情報がなかなか伝わってこないところでは、民生委員さんが発達障がいのことをまったく知らなかったりすると、「お嫁さんのしつけが悪い」という感じで、とんでもなく親が追い詰められてストレスになるということがあったりします。

やはり、日本には集団の規律を重視する文化的背景がありますので、いろんな意味で集団から外れてしまうと、問題があるとされるのかなと思います。

みんなができる簡単なことができない時点で、本人は傷ついている。そこにさらに、すごく人格を傷つけるような言葉がけを浴びやすいということは、ぜひ知っておいてください。ここにも「みんな同じ」という、日本ならではの文化的特徴が関係してくると思います。

6　専門家が学校にいない!?

特別支援教育専攻の教員不足という問題もあります。実は、「特別支援」の教育なのに、特別支援教育の勉強をしていない人が、日本では先生になっていることが多いのです。これはちょっとびっくりすることです。だから、診断名がついても、適切な教育を受けているかどうか、先生によって格差がある。良い先生に当たるのは、宝くじに当たるくらい大変という、保護者の方もいらっしゃいます。

さらに、学校ではスクールカウンセラー（SC）、それからスクールソーシャルワーカー（SSW）がいないので、心理的なケアや虐待に対応する専門家がいない中で、教師が頑張らなければいけない状況なんです。看護師が常勤で学校にいないという問題もあります。だから、薬の管理が大変だったりします。

アメリカの場合は、スクールカウンセラーとともに、「スクールナース」がいたりします。そうすると、中枢神経刺激薬（注：脳の中枢神経を活性化させる作用をもつ薬で、ＡＤＨＤの治療薬「コンサータ」もここに含まれる）でも、管理をそこでできますが、日本だと学校での服薬はいろいろ大変なんです。

7　高機能は支援が少ない

日本の現場では、発達障がいを分類するときに、「高機能」という言葉をよく使います。これは、「知的障がいがない」という意味です。

なぜ、知的障がいのあるなしで分けるのか？　アメリカやイギリスでは細かく分けませんが、日本の場合は、かつての「特殊教育」が——障がいのある生徒に対する教育ですけれども——知的障がい児教育がメインだったからです。他にも耳（聴覚障がい）とか目（視覚障がい）とか身体（肢体不自由）のほうも、そういう教育はあるんですが、もともと知的障がいのあるなしで療育手帳が取れる取れないということがあって、最近は制度が変わって知的障がいがなくても手帳を取れるようにはなったんですけれども、その整備がされていないんです。発達障がいは療育手帳が取れない場合が、まだ多いんです。ということは、診断名がついたけれど、知的障がいがないからサポートがなかなか受けられないということになります。

高機能の発達障がいにも支援を！

なかなかわかりにくいのが、その高機能の発達障がいです。日本には知的障がいの特別支援学校があり、特別支援学級もありますが、高機能の発達障がいの人だと、知的障がいがないのでそこに入れないんです。したがって、情緒障がいの学級に入るということになります。

〈高機能の発達障がいの特徴〉

1　知的障がいがなく、平均よりできることもたくさんある
2　健診などをスルーし、通常クラスでの在籍が多い
3　親や本人が障がいがあることに気がつかない

4　障がい特性が単に性格の問題とされやすい

5　本人の自覚がなく、助言が入らない、周囲がストレスになる

アメリカやイギリスは、知的障がいのあるなしで支援の内容を分けていません。どうして同じ場所で支援が可能かといえば、たとえば、ＡＳＤの場合、高機能もそうでない人も、こだわり、コミュニケーションの障がいで困ることがありますが、認知機能の課題は同じなので、それに合わせて行う支援というのは同じだからです。ですから、そういう考え方をする国では、同じサポートを受けることができるんです。

現在は、高機能の発達障がいでも障がい者手帳を取得できるようになってきてはいます。それで、大学生になってから、就職してから手帳を取る人もけっこう増えているんです。つまり、二次障がいがひどくなってから手帳を取っているということです。そうなる前に、もっと適切な支援が必要だったのでは、という気もします。

適切な支援とは、年齢に関係なくその人にいま必要な支援と、個々の特性、レベル、

成長に合わせて、自立を視野に入れた「支援の引き算」、つまり、支援をなだらかに減らしていくことなのです。

Q：発達障がいと決めつけるのは良くないのでは？

発達障がいに関しての研修を受けたことがなかったので、今回はとても良い勉強になりました。でも、個人的な意見としては、指導に従わない生徒を簡単に発達障がいと決めつけるのは良くないと思います。生徒自身も、言い訳として障がいを使うようになるのではないでしょうか？

A：必要なことは、傾向があると思ったら仮説を立ててサポートすることです

おっしゃる通り、障がいと決めつけるのは、もちろん人権問題で良くないです。研修後、先生が良かれと思って「お子さんはＡＤＨＤだと思うから病院に行ったほうがいい」と言って、

保護者と関係が悪くなった方もいます。それから、ADHDと思っても愛着障がいということもありますので、マズローの欲求の階層をチェックすることをおすすめします。朝食抜きの低血糖状態、寝不足、最近はゲームによる寝不足もありますが、これらのために多動・不注意・衝動性が出るということもあります。

障がいを言い訳にしないように、自己理解を含む心理教育も大変重要になってきます。できなくても、一生懸命やっているからこそ、周囲はサポートをしてあげたいと思うのですよね。自分ができる範囲でやる。つまり実力+1の課題を与えて、それに向かって努力をする、そしてサポーターに感謝するということが、とても重要です。

発達障がいはあるか（100）ないか（0）ということではなく、障がいと個性には連続性があります。気になることがある子には、ちょっと発達障がいの傾向があるかも、という仮説をもってサポートをするというのが良いかと思います。通常クラスに、アセスメントを受けていなくても知的障がいが疑われる子がいるときには、ちょっとしたサポートをすると思います。同様に、高機能の発達障がいのパステルゾーンの人にもわかりやすい指示を出すなど、ちょっとしたサポートをお願いしたいと思います。

私立の学校では、習熟度別のクラスを作っていると思いますが、これはある意味、特別支援教育といえます。その子のレベルに合わせた課題の方が効率的であるということの実践例といえます。

Q：専門機関との連携はどのようにしたらいいですか？

私たちも園内でケース会議はよくします。それでも、先生方もいろいろな意見があったりして、時間をかけてもなかなか良いアイデアが出ないことがあります。地域の専門機関とは、どのように連携したらいいのでしょうか？

A：まず、ご自身と専門の違う方を探してみてください

支援のときに、保育園の先生もすごく熱心にケース会議をします。ところが、保育の専門家だけの話し合いだと、保育の視点しかありません。違う専門性をもつ人を入れないと、問題が解決しにくいこともあります。そこで、教育センターや特別支援学校の相談員さんや、巡回支援の専門家の人に会議に入ってもらうといいでしょう。ST（Speech-Language-Hearing Therapist：言語聴覚士）やOT（Occupational therapist：作業療法士）の先生、それから

臨床心理士など、専門が異なれば、見立てや支援方法のアイデアも変わります。そうすると、たとえばある子の多動は姿勢保持の問題と、OTの先生が明らかにし、ブラブラする足の下に台を牛乳パックで作ったら、じっとしていられたこともあります。

姿勢保持ができないと、覚醒が悪くなります。幼児や障がいのある子は、課題に自分で気づくことができません。大切なのはまず、課題を見つけてサポートし、子どもに気づかせることです。

それから——特別支援学校の先生方はOTの方と連携していたりして大丈夫だと思いますが——肢体不自由で姿勢保持自体が難しい子どももいますね。姿勢保持をさせるために必要な筋力がないかもしれない。そういう子たちを指導するための、「こうしたら姿勢が保持できる」というOTさんの専門的知識は、発達障がいがない人たちにも、全部使えるんです。ところが、先生は一般にそういう知識がないので、「姿勢を正せ!」という指導だけになってしまうのです。

そして、「姿勢を正す」といっても、意識しなくても姿勢を正せる状態——これは自動化といいますが——でないと、姿勢を正すことに一生懸命になって、先生の話が聴けなくなるんです。このことは通常クラスの先生にお伝えしたいです。姿勢を正すのが大切なのか、先生の話を聴くのが大切なのか。なかには「寝そべってても先生の話を聴けるならいいか……」という子も、まれにいる。2つのことが同時にできない子もいるんです。姿勢保持の指導ひとつとっても、ユニバーサルデザインのいい例になりますね。

ライブ2

支援者の人たちへ 〜支援で変わる人生の質〜

「ＮＰＯ法人えじそんくらぶ」という、ＡＤＨＤの当事者と親御さんの支援団体の代表をしております。小さいお子様のご相談から、成人の方まで――お母様は「もう息子のことが心配で、認知症になれないんです」とおっしゃる方――さまざまいらっしゃいます。

いろいろな分野の方が発達障がいの支援をされていると思いますが、「子どもの自立のために、それぞれのライフステージで共通して大切なこと」というテーマを一緒に考えていきたいと思いますので、「使えるかも」と思うことがひとつでもあったら、実践していただければ、ありがたいです。

1　効果的な支援のための4つの質問

はじめに、４つの質問について、皆さんに自問自答していただきたいんです。この４つの質問の答えのヒントになることを、これからお話ししていきたいなと思います。

Q1：診断名は必要でしょうか？
Q2：正確な見立てに必要なものは何でしょうか？
Q3：連携で重要なことは何でしょうか？
Q4：あなたの教育目標は何ですか？

この4つの質問について、〈教育分野〉で考えた場合、診断名のあるお子さんたちを支援する時は通常、特別支援学校または特別支援学級で、専門的な支援を受けるために、診断名が必要な場合が多いです。

一方で、通常クラス（普通級）にも発達障がいのある子たちがいる時（インクルージョン教育）、障がいのあるなしに関係なく、障がいのある子への支援法・指導法を全員にしようという流れがあります。これを「教育のユニバーサルデザイン（UDL）」といいます。

とくに、**保育園・幼稚園・小学校の低学年は、十分まだ「ユニバーサルデザイン」が使える**と思うんです。

それは全員の発達の差が、まだそれほどないからです。

10歳くらいから、急にいろいろな能力が発達しはじめます。だから、それ以前はまだ「みんな同じ」と思っても、それほど問題がありません。

それから、「パステルゾーン」という、診断名がつくかつかないかわからない子どもたちもいます。通常、グレーゾーンと言ったりしますが、名護療育園の泉川ドクターが、「パステルゾーン」と名づけました。

このほうがイメージが明るくなりますね。実際は発達障がいがあるかないしか、白黒つけるというより、個性とのグラデーションがあり、また、いろいろな種類の発達障がいの特性がパステルカラーのように混在しているので、私はこちらを使っています。

実は、このパステルゾーンの子どもたちの支援も大切です。〈教育〉という視点で考えれば、**診断の有無・パステルゾーンに関係なく、目の前の子に課題があれば支援は必要で、やることは同じ**だからです。

〈発達障がいのパステルゾーンとは〉

1　発達に軽いアンバランスがある（診断名がつくほどではない）

2 日常生活でまだ重篤な二次障がいはない（ストレス、対人関係のトラブルなど少しはある）

3 発達にかなりのアンバランスがあるが、二次障がいがない、生活に支障がない

☆診断名がつく前の支援がポイント

ただし、特別支援教育を受ける子たちと通常のクラスの子たちとでは、基本的に〈教育目標〉が異なります。

何が違うのでしょうか？

特別支援教育は、まず障がいがあり、通常の教育方法ではうまくいかないことがある、というのが前提です。したがって〈教育目標〉は、**苦手なことのトレーニングではなく、「得意なことを生かしてどうやって自立できるか」**ということになります。「自立」は「ひとりでたつ」という意味の字を書きますが、すべて一人でやるということではなく、福祉のサポートなどを受けながら、親と離れて、自分で生活することも含

まれています。

これに対して、通常クラスの主な〈教育目標〉は、「できていないところを平均的にできるようにする」だと思います。だから、できないことのトレーニングに力を入れがちです。

2　真の支援目標は何か

特別な支援が必要なお子さんの場合、「テストでいい点を取る」というのは、一番大切な〈教育目標〉でしょうか？　それはちょっと違うこともあるでしょう。

現在はいろいろなツールがあります。生活のなかで、ｉＰａｄを使ってメールができるようにする、計算機を使いこなせるようにする。そういう実践的な学習のほうが、漢字練習のような単純な反復学習よりも、大切な時代になってきていると思いませんか？

読者の皆さんのなかには、教員の方も多くいらっしゃると思いますが、皆さんは何を教えたいですか?

皆さんの〈教育目標〉は何ですか?

九九ができるようにすることですか?

字が書けるようにすることですか?

医療関係者、他の専門職の皆さんなら、〈療育・治療の目的〉は何ですか?

その子にとって何が必要なのかを考え、本当に必要なことができるようになるのが大事だと、そう思いませんか?

こういう例がありました。ある特別支援学校の高等部に通う、自閉症と軽度の知的障がいがあり、療育手帳をもっているお子さんで、知的障がいが軽かったので、親御さんはその子を塾に入れたんです。そこで算数の勉強をさせました。どうなったと思いますか? 塾に行っても勉強ができないので大きなストレスがかかって、自尊感情も下がって、親御さんに黙ってエスケープするようになってしまったんです。それから、徘徊、万引き。親御さんが相談に来たのは、万引きをするようになってからでした。

「どうしてお子さんが万引きするようになったか、わかりますか？」と、聞いてみたら「ストレスでしょうか」と、ちゃんとわかっていました。そして「塾を辞める」という選択肢を選んだら、徘徊、万引きは止まりました。

この子の場合、必要なことは算数ができるようになることではなく、万引きをしたらいけないとか、ストレスをどう解消するか（ストレスマネジメント）とか、自分が苦しいという気持ちを誰かに話すとか、そういう力をつけるほうが、よほど重要ではありませんか？

幸せになるために、何を教えるべきか——。

何を療育するべきか——。

何を治療するべきか——。

まず、それを考えることが大切で、日々の支援は、そこから生まれてくるんだと思います。

結局、私たちの最終目標は〈親子が幸せになること〉、これだと思います。

先生方、支援者の方が一生懸命、「こういうふうにやったほうがうまくいく」とアドバイスをするんですが、親御さんの心に入らない……これがいちばん皆さんのストレスになることですよね。

なぜ、こういうことが起こるのか。それは〈目標〉が一緒じゃないからなんです。特別な支援が必要なお子さんでなくても、メンタルヘルスのことを考えたり、いろいろな体の状況を考えたりして、「そんなに勉強を無理にやらせなくてもいいと思います」というアドバイスを心理士の方がしたとしても、親御さんのほうが「子どもに勉強させて学力を上げることが、子どもの幸せになるんです！」と思っていたら、これは並行線なんですよね。

つまり、まず〈幸せの定義〉から確認しなければいけない。ここから**〈統一目標〉を設定しなければ、何回面談しても並行線のまま**ではないかなと思うんです。

通常クラスにいるパステルゾーンの子については、多くの場合、親も先生も「ふつうにさせる」ことが目標です。でも、パステルゾーンの子たちは、診断名がついている子と同じように、うまくいく条件があります。ですから、**ただやれというだけでなく、その子がうまくいく条件を探してあげること**。そこを見立てることが、私たち支援者の役目だと思うんです。いまテストができる・できないではなく、10年後に必要な能力は何か。その能力を身につけるために、いまつけてあげなければならない力は何か。そこの「気づき」が大切なんじゃないかと思うんです。

そういうことに気がついていらっしゃる方も多いと思います。けれども、何からはじめたらいいかわからない、あるいは連携の課題で「ここが大切なんだけれど、それが他の人に伝わらない！」というもどかしさを抱えている、そういう方もいらっしゃると思います。皆さんのヒントになるような、具体的なご提案をしていきたいと思います。

診断の有無と支援

診断名というのは、０か１００なんです。ただ、実際はその間に「パステルゾーン」という、特性の軽い人たちがいるんですね。

発達に軽いアンバランスはあるけれども、診断名がつくほどではない。日常生活でも二次障がいがない。学校なら通常クラスにいるかもしれません。パステルゾーンの人たちは、つらさがあっても見過ごされてしまうことがある。実は、こういう人たちの支援が大事なんです。

診断名がついた人の支援をしている方はノウハウをご存じなので、どういう支援をしたらいいかということはすごくよくわかっていますよね。だから、特別支援の先生方は、通常クラスで「ユニバーサルデザイン」で支援ができるように、通常クラスの先生に教えてあげてほしいんです。

「視覚的な情報のほうが理解しやすい子には、口頭ではなくて、書いて教えてあげたほうがいいですよ」というアドバイスだけでも、相当違うことがあります。そういう支援ができるなら、診断名はいらないんです。たとえば、ひとつのジャンルで豊富な知識を生かして活躍しているテレビタレントさんのなかには、ちょっと発達のアンバランスがありそうに見える人もいますが、二次障がいもなさそうですし、日常生活の支障もないですから、別に診断名はいらないんですよね。

大学教授とか、弁護士の方とかにも、パステルゾーンの方がいるかもしれませんね。もしかしたら、学校の先生にもいるかもしれないんです、発達障がいの特徴のある人。でもいいんです。大切なことは、自覚があるかどうか。「自分は発達障がいのパステルゾーンなんだよね」といえるくらいがちょうどいい。そういう人は、自分はどういうことが苦手なのかという自覚があります。

問題なのは、多動・不注意・衝動性、こだわりや想像力の欠如といった特性ではなく、日常生活に支障があるかどうかなんです。

自閉症と診断されても、パニックのない子はいませんか？ ＡＤＨＤでも憎めない子っていませんか？　診断名をつけなくてもいい子もいるんです。

逆に、診断名をつけることによって、虐待が止まるならそれはつけたほうがいいですね。診断名をつけることがその子のためになるなら、つけたほうがいい。**診断名をつけることが〈目標〉になっては本末転倒**だと、私は思っています。

成育歴で支援のポイントが変わる

確認になりますが、発達障がいの定義に「発達にアンバランスがあり、自分の努力だけでは改善しにくい生物学的な特性」というものがあります。これは、「ハンデが生まれつきである」という意味ですが、この「生まれつき」というのが重要です。

たとえばＡＤＨＤの場合は、多動・不注意・衝動性が少なくとも12歳前からかどうか確認する必要があります。そして、**虐待が起こってから、こういった症状が出たら、それは発達障がいではなくて、愛着障がいの可能性**があります。

虐待でも新しいものがあります。これまでのわかりやすい虐待のパターンとしては、お酒飲んで、罵倒して、叩いて……というものでしたが、いまは「教育虐待」というのがあります。早いうちから子どもにかなりのストレスを与えて勉強させて、「私立の学校に入れないあなたはダメな子、私の子どもじゃありません」ということはありませんか？　つまり、その子の能力をちゃんと見極めないで、能力プラス100、1000ぐらいの課題を与え続けて、子どもは疲弊しているのに「あなたのため」と言ってなお続け、さらに「できないあなたが悪い」と人格を否定する。これも虐待に入ります。そうなると、通常クラスでも特別支援学校でも、教育虐待はありませんか？

あるいは、ケガなどによる高次脳機能障がい、こういった後天的な原因による不注意症状の場合もあります。

他に原因はないか、**成育歴をていねいに見ることが重要**です。

見立てる上で注意が必要な点は、トラウマもあります。虐待によるトラウマ症状は、発達障がいの症状に似ているので、注意が必要です。学校の場合、こういうところは、行動観察をするときに心理の人に入ってもらうといいと思います。

〈トラウマ症状〉

・多動・衝動性・興奮・不安・イライラ・警戒が強い
・解離状態は不注意状態と勘違いされやすい
・気が散りやすい
・睡眠の問題

成人の場合は、認知症と間違って診断されることがあります。若年性の認知症だと診断されて、違う薬が出る。これは成育歴を見ていないからです。認知機能の問題ということは、認知症と共通しているのです。「認知機能」というのは、これから非常に大事なキーワードです。

3　障がい特性を才能に変えるための教育

発達障がいという才能を引き出すのは、いい先生との出会い

皆さんの〈教育目標〉はなんですか?

アメリカの教育方針は、「いいところを引き出す」というものです。特別支援教育ではなくても、こういう視点で教育をしています。だから私は、アメリカの大学に行って才能が開花したと思っているんです。

すごくラッキーだったのは、ＬＤがあって文字が書けないけれども、留学生だからという配慮を受けて、試験はレポートではなくてプレゼンテーションで受けられました。話も得意だったので、とても良かったです。これでちゃんと単位をくれたんです。日本でも２０１６年から障害者差別禁止法が施行され、このような「合理的配慮」を求められる時代になったんです。

ただ、すごく残念だなと思うのは、日本の場合、地理のテストで地図を見て県名を

言える子でも、漢字が書けないという子がいます。そうすると、全部×になって点がもらえないんです。これでは漢字のテストですよね。地理のテストではないんですか？　と。本当にはかるべき力をはかっているテストなのか。これはぜひ、通常クラスの先生に知っておいてほしいことです。

学校現場でみられる、ADHDとASDの特性

たとえば、学校での長時間のテストは集中力もはかっていますが、ADHDの子は見直しまで集中力はもちません。見直しをするころには集中力が切れています。見直しができないタイプの子だと思ったら、「ゆっくりやりなさい」と言ってあげるといいんです。「見直しの時間にはエネルギーが切れているのが自分でわかってる？　対策を練ることが大事なんだよ」と教えてあげてください。

さらに、**アメリカの特別支援教育には「ギフテッド教育」も入っています**。天才教育ですね。つまり、アメリカの場合、通常クラスの教育レベルでは、実力＋1の課題にならないという子に対して教育するのが、Special Educationなんです。だから、むずかしい教育をするというのも、Special Educationなんです。**特別支援教育で大切な**

のは、**「その子に合った課題をその子に合った方法で学んでもらう」こと**なんです。

ＡＳＤの特性について考えると、たとえば「こだわり」は、その特性自体は悪くないんです。いまじゃないでしょ、それじゃないでしょ、という、ＴＰＯに合わないことがいけないんです。ＴＰＯに合うんだったら、研究職なんかいいわけです。そういう意味で、「こだわっちゃダメ」では、「エデュケーション」してないんですよね。

「相手の気持ちを察することが苦手」というのも、想像力の欠如という特性があるためなので、人を怒らせることを、想定内にしておくといいんです。皆さんの気持ちを察することができないから、気分を害するようなことを言うわけです。こういう行動を、その子がわからないでやっているのかどうか、という見立てが重要なんです。もしわからなければ、教えてあげないといけないんです。「そういうこと言われると、先生悲しくなっちゃうな」と、つまり「その言葉は相手を悲しませるよ」と、わからないなら教えてあげないといけないんです。こういった「相手の心を傷つけないように」ということを教えたりするほうが、勉強ができるようにさせるより、重要じゃありませんか？

「集団行動が苦手」という特性、これは集団行動が怖い、不安でできないという子

〈ＡＤＨＤ〉
柔軟性が高くアイディアは豊富だが、実行できない
・忘れ物が多い
・書類などの管理が苦手
・提出日ややるべきことを忘れてしまう
・長い説明は最後までしっかり聞けない
・単調な作業ができない、じっとしていられない
・にこやかで返事はいいが、話の内容を覚えてないことが多い
・段取りが悪く、時間通りに何かを完成させられない
・長い指示は最後しか記憶できない
・多弁、多動、雑
・悪気はないが、間違えて何かを持ってきてしまう

〈ＡＳＤ〉
勉強はできるが、対人関係のトラブルが多い
・言葉以外のメッセージを理解するのが苦手（冗談、皮肉等）
・相手の気持ちを察することが苦手
・集団行動が苦手（一人が好き）
・こだわりがある
・自分の好きなことを一方的に話す
・学者のような話し方をする
・自分の思い通りにならないと急に怒り出す
・漢字、数字、記号、データなど単純記憶が得意
・漫画やゲームの世界に入り込み、実生活と区別が苦手
・感覚過敏
・急な変化に弱い
・臨機応変な行動が苦手

表４　ADHDとASDの特徴

がいます。集団行動ができないというのをわがままと見立てるか、ストレス反応と見立てるか、その見立てが肝心なんです。これが正確にできないと、いろいろな知識があっても、適切に支援に活かすことができません。わがままと見立てたら、単純に「気合いを入れろ」という指導になってしまう。

ＡＳＤの診断名がついていたり、特性がはっきりと出ていたら、どういうふうに指示のしかたを工夫しなければならないか、この特性の一覧でわかるわけです。「言葉以外のメッセージの理解が苦手」といったら、理解できない指示があるということに気づく必要がある。そして、それをわかる指示に変えなければならない。これが支援の上で大事なんです。特別支援学校・支援学級の先生は知っているので、通常クラスの先生に教えてあげてください。

通常クラスの先生は知らないことが多いかもしれませんが、センスのいい先生は診断がついていなくても、支援できることがあります。「言葉以外のメッセージが理解できない」なら、減らしたほうがいいのは、省略した指示ですね。「早くしなさいって言ってるでしょ」、というのは、何を早くしたらいいのか、省略されているからわからないんですよね。それよりも「靴をそろえようね」とか、「ご飯食べなさい」とか、やるべきことを言ったほうがいいんです。

悲しいなと思うのは、お子さんは診断名がついているのに毎日、「早くしなさい」と言われているんです。ですから、「省略された指示はわからないので、具体的な指示に変えてください」というアドバイスが有効なんです。

似たようなことはいっぱいあります。「こんなところで、そんなことしないの！」。こ・そ・あ・ど言葉はわからないですね。それから、よくママが言うのは「いい加減にしなさい！」。「いい加減」がわからないから、できないんですね……。

そこで、特別支援教育でしているような「声のボリューム0（ゼロ）ね」とか、そういうひとつひとつの支援の手立てを、現場で「ユニバーサルデザイン」でできるように、通常クラスの先生や親御さんに教えてあげてほしいんです。

ユニバーサルデザインでSOSを出せる人・受け取れる人を育てよう

わかる指示を出す、これは教育の基本だと思います。

そのために大切なことってなんですか？　相手がわかっていないことに気づくことです。子どもが「指示をわかっている」と信じきっちゃうと、同じ指示を出します。

わかりやすいケースがあります。私はアメリカの大学院にいきましたが、英語力がそんなになかったので、ある授業中に先生がなにやら宿題の説明をしてるなっていうことだけはわかるんですが、内容が全然わからなかったので、手を挙げて「先生わかりません」と言いました。そうしたらその先生は、ゆっくり同じ内容を繰り返して話すんです。それで私はもう一回手を挙げて、「先生、英語自体がわかりませんので、ゆっくり繰り返してもわかりません」と言ったんですよね（笑）。ですから、やり方を変えたり、話の内容を変えたりしないと伝わらないときは、同じことを言ってもただ「わからない指示」を繰り返すだけなんです。

子どもは意外と「わからない」って、SOSを出しているんです。でも、とくに通常クラスの先生は「聞いていないからだ！」と言っちゃうんです。「聞いていたけどわかりません」と言える高機能の子はいいですが、言えない子もいる。言えない子はつぎからどうするか。怒られるから、わからなくてももう一度聞かない子になっちゃうんですよ。これは二次障がいへの道。わからないからいいかげんにやる、また怒られる、学校面白くないから辞めちゃう。「やる気スイッチ」オフですよね。

子どもたちは意外と「わからない」と言っています。だから「『わからない』って言えることが、すばらしいことだ」とまず言ってあげてください。

こういう、子どもの発するメッセージを受け取るには何が大切かというと、「共感力」なんです。「わかりません」と言ったら「わからないわけないでしょ」とか、「シャワーが痛い」と言ったら「痛いわけないでしょ」と言わないで、**皆さんの価値基準や考え方は横において、「あなたはそう思っているんだね」というのが「共感力」**なんです。

現場でむずかしいことは全然知らないけれども、共感力がすごく高い先生が「へえ、そうなんだね。じゃあどうしたらいいか、考えよう」と言って、ばっちりいい指示を出したりするんです。

あるケースで、保育園の園長先生でしたが、「スモックが痛い」と言った子に「ああそう、痛いなら切っちゃいましょう」と、そでを切ってあげたそうです。そうしたら泣かないで保育園に来られるようになったという、単純な話もありました。保育園が嫌なんじゃなくて、スモックが嫌だったんです、きつかったんですね。学校でも、**つめ襟が嫌で体育着でもいいということにしたら、学校に来られるようになった**とか、けっこうあるんです。

でも、子どもがSOSを出しても、「そんなことはない」と言っていることが、よくあるんです。ですから、そういう不快であるというSOSを「わがまま」と見ないで、まずは取り除いてあげる。これをお願いしたいです。

こういうことを、診断名がつくつかないに関係なく、先にママたちが知っていたらいいと思いませんか？　親御さんに気づいてもらえれば、皆さんからのアプローチが可能になります。二次障がいにも愛着障がいにもならないで、皆さんのところにくることができるんです。

私は発達障がい支援の本も書いていますが、「発達障がい」と書いてある本は、この子はそうだなと思っても、お母さんにはなかなか渡せないので、パステルゾーンの子を育てるのに役立つ知識をまとめた『ママも子ども悪くない！　しからずにすむ子育てのヒント』（2014年、学研）といった本も書いています。とにかく、その子の特性を認めて、SOSを求められる子に育てることが肝心なんです。ぜひここは、親御さんへの支援をお願いしたいと思うところです。

こういうところからも親支援が大切だと思うんですが、支援をしている方には**「次世代の親を育成する」という視点**もお持ちいただきたいんです。SOSが求められる子に育てると、SOSを求められる親になるんですよね。**「みんな不完全である」とい**

うことを早めに教えてあげておいたほうが、完璧な子育てをしようと思わなくなり、虐待が減少すると思います。家族が安定すると、子どもが安定します。

ただ、ＳＯＳが出せるだけでもいけない。ソーシャルスキルトレーニングで「助けてください」という練習だけをしてもダメなんです。助けてくれる周りの人を育成しないといけない。「あたたかい人間関係」があるということが大事なんです。

同じクラスに「ちょっとふつうと違うかも」という子がいたときに、先生がどういう対応をしているか、クラスメイトは見ています。そして、それと同じことをするんです。うっかりミスをする子に先生が、「あーあ、またこぼした！」と言ったら、他の子も「あーあ、またこぼしちゃった！」と言うんです。でも先生が「大丈夫だよ、ただふけばいいだけだから、みんなで助けてあげよう」と言ったら、先生がいないとき子どもたちも、「大丈夫だよ、みんなでふこう」って言うかもしれません。

このようなうっかりミスをするパステルゾーンの子は、通常クラスにいっぱいいるんですね。診断名がついてからじゃないと特別支援教育ができないという考え方ではなくて、ちょっとアンバランスがあるなという子がクラスにいたら、全員に使える方法でサポートをしていくことが、ユニバーサルデザインになるわけです。たとえば、口頭での指示がわからないＡＳＤ系の子がいたら、視覚的な指示も併せてする。たとえＡＳＤの子がいなくても全員にそれをしてあげれば、みんなが助かるんです。こういった配慮がソーシャルサポートにつながります。

これがわかると子どもが変わる：６つの行動分類

大切なのは、特性を理解した適切な指示の出し方。これに尽きませんか？　幸せになるために大切なことです。見立てが違うと、「あなたのため」と言っても支援が合わないので、教育虐待になってしまうかもしれません。発達障がいによる認知機能の弱さのために起きることを、「わがまま」「なまけもの」ととらえてしまう。この誤解をどうしたらなくせるでしょう？

実は、とてもシンプルに考えられると私は思うんです。ここでお話しする、６つのことが基本になります。これはぜひ、親御さんにも伝えてください。

〈適切な指示のための行動の見立て　6つの分類〉
1　聞こえてない↓「聞いていない」のではないことを理解する
2　うっかり↓忘れない仕組みをつくる
3　わからない↓指示を省略しない、わかる指示に変える
4　わざと↓「見てほしい」というメッセージなので早めに注目してあげる
5　感覚過敏↓不快に感じることは無理にさせない
6　不安・恐怖↓ストレス反応なので原因を取り除いてあげる

1　聞こえていない

皆さんが指導や子育ての場面でイライラするときはどういうときなのか。それは、子どもが言うことを聞かないときなんです。そのときまず、4秒吸って6秒吐いて、気持ちを落ち着かせてみてください。そうすると怒りが爆発せずに、「あれ？　私の指示、聞こえているかな？」と考えることができます。

ここで大事なことは、**「聞いていない」という分類をつくらない**ことです。聞いていないだとイライラしますが、「聞こえていない」なら、どう工夫したらいいかなと考えますよね。

たとえば、**ひとつのことに熱中していたら、途中からの指示は入りません**よね。そこに気づけるか。気づいたら、対策としてどうするかを考えることができます。肩をポンポンとたたいて、「○○君、私のほうを見て」と言って注意を切り替えてから指示を出す。対策までセットで親にアドバイスができるかどうか。ここが勝負ですね。

「聞いていない」という分類をせず、「聞こえていない」と見立てる。そして聞こえていなかったらまず、切り替える。これを忘れないようにしましょう。

2　うっかり

指示をしても、うっかり忘れるということもあります。3秒たったら忘れちゃう。

対策としては、まず指示の出し方を変えることです。ママがよく、「何回言ってもわからないんです」と言うことがあります。それに対して私は、「それなら言わないで、書くといいんですよ」とお伝えします。そうすると「ああ、そうですね！」と。「うまくいかないことはやらないほうがいいんです、疲れちゃうからね」、そう言うと納得してくれます。

それから、**忘れるなら思い出せる「仕組み」をつくればいい**んです。いきなり「なんでやらないの！」と言っても、怒られてびっくりしちゃうだけなんです。それより「いま、何やるんだっけ？」と聞けば、思い出せる子は思い出します。「先生の話を聴くんだった」と。「そうだよね！　よく思い出したね」とほめてから、「じゃあやろうね」と指示を出すといいですね。視覚的なサポートも有効です。

3　わからない

指示が「わからない」子は、先ほどお話ししたとおり、指示を省略しない、こ・そ・あ・ど言葉を使わないことです。「早くやって」では、「何を」が省略されているので、何をしたらいいかわからない。「ご飯食べようね」とか「靴はこうね」とか、具体的に何をしたらいいかわかったらできる子もいます。

「例外処理」がわからないこともあります。最初に聞いた指示をずっと続けたくなっちゃう。「いまはそれをやらなくていい」というのがわからない。だから、「いつもは走るけど、雨の日は校庭を走りません」とか、「例外」があることを教えてあげてください。教えてあげないと、「今日も校庭走る！」とパニックを起こしてトラブルになることがあります。

成人のＡＳＤのケースから大事だなと思うのは、**例外処理を早めに教えてあげることです**。「人生は矛盾に満ちている」ということを早く教えてあげるということですね。「みんな嘘つき！　ルールを守らない」と言われたら、「そうだよ」って言っちゃう。「ルールは守らなくてもいい時がある。それが人生だ」と（笑）。例外処理をその人のマイルールに入れてあげる。これも「幸せになるために何を教えてあげるか」という、重要なポイントにつながります。

ある中学生の男子が、「チャイムが鳴ったら席に着く」というルール通り、女子が体育着の着替えをしているのに教室に入って、トラブルになりました。こんな時こそ、「例外処理がわからないから教えないといけない」という見立てが大切です。**「何やってるんだ！」と怒るだけでは、サポートするチャンスをのがす**ことになります。

ここまでの特徴は、研修を受けた方ならよくご存じだと思いますが、１番の「聞こえていない」が多い子はもしかしたらＡＳＤがあるかもしれません。シングルフォーカスという特性のため、一つのことに熱中していると、指示が途中で入りません。この特徴は、自覚していないと就労場面ですごく困ることがあります。目の前の仕事に熱中していると、「これ、コピーしておいてね」という指示が聞こえないんです。そうするとすごく頭が良くても、「使えないやつだ」と言われてしまうんです。

2番めの「うっかり」、ADHDの代表的な特性です。作業記憶がわるいんですね。

3番めの「わからない」は、知的障がいかASD、もしくはLDかもしれません。

4番めの「わざと」が多いと愛着障がいかも、というように、4つの分類から、その子に必要なサポートが見えてくることがあるでしょう。

4 わざと

この「わざと」というのは、これまでの1〜3とは別の分類なんですが、全部「わざと」に分類してしまうことがあります。これも悲しいです。1〜3は、わざとではないんです。聞こえていないし、忘れちゃっているし、そもそも指示の内容がわからないからできない子もいるんです。

わざとというのは、聞こえているし、しっかり覚えているし、意味もわかっているのに、あえてやらない。あるいは「ダメ」ということをあえてやる。そこに、**人に注目されたいという目的**があるからです。ここにはアタッチメントの問題があることがあります。

こういう時には、先に注目しましょう。早いうちなら、問題行動は減少します。最近の研究では、愛着障がいが長く続くと、脳が変わるといわれています。脳科学が進んだので、画像診断でそれがわかる時代になりました。ですから、親子関係のサポートを早くお願いしたいんです。

5　感覚過敏

もう1つ、ここまでの行動の分類に入らない子がいます。なぜ指示した行動をやれないか、感覚過敏があって音がうるさいとか、触られるのが嫌だとか、集団が嫌だとか、そういう原因が背景にある場合です。「感覚過敏」が原因の問題行動は、わざとやっているのではなくて、ストレス反応かもしれません。

6　不安や恐怖

そこには感覚過敏からくる不安や恐怖もあるので、そこを取り除いてあげることがまず大切。このことをママが知らない場合は、皆さんが子どもの気持ちを伝えてあげてください。がまんの練習の前に、不安を取ることが必要です。

この6つの分類を早く親御さんに教えてあげるのは、大切だと思いませんか？何もむずかしいことはいらないんです。ここをていねいにみていけるように親をサポートすることが、虐待防止につながると思いませんか？

親御さんがストレス状態になったり、怒りのスイッチが入るのも、多くの場合、子どもが言うことを聞かないときです。とくに、わかっているのにやらないと思ったときです。

そのときに、ちょっと深呼吸して、行動の分類ができるように支援してください。

「いまの指示、聞こえてないのかな？」

聞こえてない指示なら、行動は変わりませんよね。

「『靴はいて』って言ったけど、うっかり忘れちゃってるのかな？」

「『早くして』って言ったけど、何を早くかわからないのかな?」

「もしかしたら、わざと?」

そのことに気がつけるかどうか。

ママは頑張っています。でも、勘違いすることがあるんです。「わざと私を困らせている」と。でもそうじゃなくて、「聞こえてないんですよ」とか「うっかり忘れちゃってるんですよ」って、教えてあげてください。

「わざと」と思ったら、子どもが憎たらしくなってきます。

そして、「いま何するんだっけ?」「この靴どうするんだっけ?」「このフタどうするんだっけ?」、気がついた段階で「よく思い出したね、お願いね」と、こういうコミュニケーションパターンをお母さんに教えてあげるだけで、かなりの虐待防止になりませんか? 本当にちょっとしたことなんだと思います。

「『わざと』やる場合は、ママのことが好きなんですよ。だから、『ママも好きだよ』って言って、ハグをしてあげましょう」と、具体的なアドバイスをしてあげてください。

「学習スタイル」を理解した指示

どうすれば指示が入るのかということについてですが、発達障がいのある方は、それぞれのタイプに合わせて、「こういう指示の出し方のほうがわかりやすい」という、いくつかのパターンがあります。

どういうことか。発達障がいがあると「学習スタイル」（ものごとの理解のしかた）にアンバランスがあるので、そのスタイル（型）に合わせた指示を出してもらうとスムーズに頭に入るという、指示（説明）の「パターン」があるんです。

〈学習スタイルのパターン〉
視覚型……マニュアル・視覚的な教材
聴覚型……口頭の指示・ＤＶＤ教材
体得型……体験学習、一緒にやる
※支援者や親との違いを理解
（出典：『ありのままの自分で人生を変える　挫折を生かす心理学』）

まず、1番めが「視覚型」、目に見える説明文書などが必要なタイプ。2番めが「聴覚型」、口頭（音声）の説明のほうがわかりやすいタイプ。それから3番めが「体得型」で、実際に体験して学ぶタイプです（ライブ2　キーワード「学習スタイル」参照）。

発達障がいがある人は、特別な条件のときに能力を発揮するんです。親支援講座では、「お子さんに合った方法を見つけて、こういう条件のときにうまくいくということを、親御さんが見つけてあげてください」とお願いしているんですが、「私は見つけることができません」とアンケートに書いた人がいたんです。そういうお母さんには「お子さんがうまくいく条件を、見つけてくれる支援者をお母さんが見つけてください」とアドバイスします。

図5　学習スタイルが無料でチェックできるアプリ「えでゅけルン」

「やる気スイッチ」の入れ方　ドーパミンをいかに出すのか

それから教育現場で大切にしていただきたいのは、「やる気スイッチ」を壊さないことです。「やる気スイッチ」を壊さないでつぎの学年に送ってあげる。学校でやる気が出なくても、スイッチを壊さなければいいんです。他の条件に合ったときに、やる気が出るかもしれないからです。スポーツだったり、囲碁だったり、好きなことのほうで。

「やる気スイッチ」を入れるためのドーパミンも、薬の力ではなくて、日常生活のなかで出すことができるんです。皆さんの声がけでドーパミンが出るということです。これは皆さん、体感しているはずなんです。ドーパミンが出ているというのを、どういう行動から知ることができるか。それは、「同じ行動を繰り返す」ところからなんです。そのためにどうするか。その子に合った課題を与えてあげる、これがとくに必要なのが、特別支援教育です。

1　実力＋1の課題

「実力＋1の課題」を与えるには、見立てが重要です。通常クラスの先生でも、これをうまくやっている人はいます。「無理なら宿題全部やらせなくていいです」と、宿題ができなくて悩んでいるお母さんに言っている先生いませんか？　そういった配慮をする先生が、昔からいるのはどうしてでしょう。それは、発達障がいの子は昔から通常クラスにいるんです。だから、何も専門的なことは知らないけれど、そういう配慮をする先生が、通常クラスでもいるんですよね。したがって、専門知識が必ず必要というわけでもないんです。もちろん、あったほうがいいですが、それによって「この子はＡＤＨＤだ」と思って、ＡＤＨＤの子向けの指導だけするというのも、ちょっと違うかもしれません。事例研究をすると、「これはＡＤＨＤの特性だ」と思いこんで支援をしていて、うまくいっていない先生もいます。虐待をされている子、それから自閉症スペクトラムと合併している子の場合ですね。つまり、**診断名に合わせた指導をしてうまくいかないときは、他の視点が必要**だと思うんです。

2　達成感

「達成感」もドーパミンを出します。ほめて、その子が「できた！」と思うと、もう1回やるんです。ところがお母さんのほうでは――「できたらほめる」とよく子育ての本に書いてありますが――**実は「『ほめてあげてください』と支援者の方に言われるのがいちばんストレスです」とよく親は言っている**んです。お母さんが子どもをほめられない理由でよくあるのは、お母さん自身が虐待を受けて育っている場合。自分がほめられた経験がないから、ほめ言葉がわからない、ほめるタイミングがわからない。もしそうだったら、具体的に教えてあげてください。

たとえばどうするか？ 半分できたところでほめてあげる。「半分できたね、頑張ったね」って、あるいは4分の1でも、とにかく少しできただけでもほめてあげるのがいいですね。ほめるのがむずかしかったら、実況中継だけでもいいです。「半分できたね」って、そばで言ってあげる。それだけでも喜ぶ子はいます。「これで達成感が出てきて、もう一度やろうと思ったら、全部できちゃうんですよ」と、親御さんに具体的に教えてあげてください。なによりまず、ほめられなかったら「○○してくれて、ありがとう」って言いましょうと、ママたちにアドバイスしてあげてください。

これは、認知機能のメカニズムを踏まえた上でのアドバイスなんです。「行動を促すドーパミンを出す方法です」と具体的に説明するといいこともあります。薬を飲ませたくない親御さんはいっぱいいますから、「これをやってドーパミンが出る環境をつくったら、お薬飲ませなくていいかもしれません」と、言ってあげたほうがいいじゃないですか。

3　成功が予感できる課題

ドーパミンを出すには、「成功が予感できる課題」を与えてあげることも大事です。初めて取り組むことは、必ず成功体験が得られるものにしてあげてください。そうじゃないと、失敗すると思って恐怖心が生まれて、「やる気スイッチ」がオフになります。失敗が怖いというのは、もしかしたらトラウマがあるかもしれません。

能力が高いのに、50歳になってもひきこもっている方がいますが、そこには色々な背景があります。たとえば、「なんでも一人でやらなきゃいけない」というこだわりがあったから、SOSを求めらずに一人で頑張りすぎて、「やる気スイッチ」が壊れてしまうこともあるんです。

4　特性に合った運動

さしあたって、体を動かすとドーパミンが出ます。歩くだけでもいいんです。ということは、**多動がある子は、「走っちゃダメ」というより、動いてもらったほうがいいという発想**ができます。「プリント配って」とか「後ろにあるぞうきん取ってきて」とか、どんどん動いてもらうと、それから10分集中します。

ここに挙げたことをいろいろ試してみて、うまくいく条件を探してみてください。よくいわれる「環境調整」ということも、結局「どうしたらドーパミンが出るか」というところに尽きるんですね。そして、その方法も、ここに挙げたように具体的にわかっているということなんです。

適切な行動をするために、もうひとつ忘れてはいけないこと。それは「**人は基本的に、快・不快で行動する**」ということです。スモールステップの課題で達成感をえて、ほめられてまたやりたくなる。つまり、「快」をつくってあげることこそが重要なんです。それが特別支援教育だと思いませんか？　これも「ユニバーサルデザイン」で、通常クラスでも使ってほしいと思います。

ということは、残念なんですが、素晴らしい支援、素晴らしいアドバイス、これも受け取る側が「不快」と思ったら、ストレス反応を起こすんです。避ける・攻撃するという行動になります。

その行動はわがままなんでしょうか？　もし見立てに迷ったら、まずはストレス反応とみてください。まずは、その支援やアドバイスから不快を取り除くことです。安心・安全が満たされた段階で、トレーニングする。「いまでしょ」と思っておこなっている支援が、実はいまじゃないかもという見立てが重要だったりするんです。

ただ、学校で不快なものを避ける・攻撃するという行動は、まだＯＫなんです。なぜなら、見てわかるからです。そうではなく固まる、それも自宅で固まってしまうと全然わからなくなってしまいます。

では、ドーパミンが適切に出ないとどうなるか。何かに依存したくなります。これも二次障がいですね。不快なことを忘れるために快を求める、これが薬物・タバコ・アルコールへの依存です。なかにはインターネットゲーム障がいや摂食障がいというのもあります。

そこまでいってしまわないように、学校や支援者のアドバイスから不快な要素を減らして、「ああ、大人の言ってることとって、聞いといたほうが得なんだね」と、プラスのイメージをもってもらえるように、支援してほしいなと思います。

4　幸せになるために大切なこと

人生の質を高めるために

私たちの〈支援目標〉は、その人の〈人生の質（QOL）を高める〉ことだと思います。したがって、**幸せになるために、いま何をしたらいいかを、連携してそれぞれの専門性のなかで考えることが肝心**だと思うんです。それには、早い時期にサポートをして、二次障がいを減らすことが先決です。

〈人生の質を高めるために〉何よりも、二次障がいを減らすこと！

1　ストレスマネジメントで安心感を増やす
2　存在と言動を分け、自尊感情を大切にする
3　自己理解

1　ストレスマネジメントで安心感を増やす

二次障がいの原因はストレスですから、このまま行動の原因を「わがまま」と見立てつづけていくような状況がなくならないと、二次障がいのある子が増えて、情緒障がい学級があふれて、現場の先生の負担が増えるかもしれません。ですから、早めにサポートしたほうが、先生方の負担も減ると思います。

2　存在と言動を分け、自尊感情を大切にする

「なんでこんなこともできないんだ、ダメだな！」と、言われたらつらいですよね。皆さんご自身、けっこううっかり忘れちゃうということ、ありませんか？

うっかりの人って、ダメ人間でしょうか？　うっかりやることを忘れる人がダメ人間なら、60歳以上の人はみんなダメ人間になっちゃう。この高齢化社会、どうなりましょう（笑）。認知症の人もダメ人間ですか？　そうじゃありません。**発達障がいの**

ある子はダメな子ですか？　そうじゃない。認知機能の働きの問題は生まれつきなんです。叱って怒鳴って、うまくいくんだったらいいですが、それこそ二次障がいの原因ですよね。

「あなたは大切な存在だけれども**ここで大きな声を出す行動はNG**だから声のボリュームは0ね」

と存在と行動を分けて具体的に伝えるといいですよね。

指示ひとつするにしても、「走らないで」（否定型）と言うより、「歩こうね」（肯定型）と言うだけでだいぶ違います。

支援者の皆さんも親御さんにアドバイスすると思うんですが、皆さんのアドバイスはいつも相手に伝わっていますか？　**アドバイスというのは基本的に、「あなたのやっていることはダメ」と言っている**んですよね。ですから、気をつけないと、存在を否定することになってしまうんです。「あなたのために」と思っているアドバイスが、その言い方によって、相手には全然意味合いが違って受け取られてしまう。だから、アドバイスの言い方を変えることも大切ですね。

3　自己理解

そして、**QOLを上げるためには、ライフステージが上がれば上がるほど、自己理解が大切**になってきます。自分はこれができないんだということがわかってくる、そのときにいきなり自尊感情が下がらないようにする。ですから、早めにアンバランスがあるというのを、本人が受容できるといいですね。

4　ありのままの自分を受け入れ、対処法を学ぶ

自己理解が進んだら、**最終目標は「ありのままの自分を受け入れ、対処法を学ぶ」こと**です。たとえば、「私はこれができないので助けてください」とSOSを出すとか、ITツールを使って自分で補うことができるようになることです。

ただ、なによりも「わかりません」と言える人になってほしいんです。皆さんが支援している人は、親御さんも含めて、SOSを出せますか？　全部自分でやろうとして、頑張りすぎちゃう人はいませんか？　これはNGなんです。

人はみんな老化していくので、頑張ってできる期間というのは限られているんです。いずれみんなできなくなっていくんです。時間をかければいいじゃないかと思うかも

しれませんが、年をとると徹夜もできなくなるんです。認知機能も悪くなりますしね。苦手なところを早めに受け入れたほうが、早く幸せになれるんです。将来のＱＯＬの維持にはいいことなんです。

私の年代だとだんだん認知機能も衰えてきますが、友だちがこの前、「ねぇねぇ聞いて」と言うんです。「とてもショックなことがあったの。20年間、傘を置き忘れたことがなかったのに、とうとう忘れちゃった」って言うんです。それで一晩ショックで眠れなかったそうです。「ええ？　私なんかもう１００本は忘れている」と言いましたが……。認知機能が良くて、同じ傘を使い続けることなんか、私には考えられない。

私の場合はもう受け入れて、対処法ができていますから、高い傘は買わないし、折り畳みの傘をバッグに入れています。あとは、「傘は天下のまわりもの」と考えて、「誰か使ってくださいね」と思う（笑）。このほうが楽ですよね。

もともとできている人が急に認知機能が悪くなると、心の危機を迎えるんです。いままで「傘なんか忘れるなんて、気合いが足りないんだ！」と怒っていた側の人が、自分がそうなっちゃうんですから。だから、「人生、最初からちょっとよろけていたほうが幸せになれますよ」って、発達障がいの当事者の方には言っているんです。ありのままの自分も受け入れて、対処法もできているのがいいですよ。

アタッチメント対象としての保育者・支援者の役割

皆さんがアドバイスされたときに、「ああ、そうだな。やってみよう」と思うのはどんなときですか？　それは、共感してくれて、事情をよくわかってくれていると感じるときだと思います。それから、自分の目標だったり尊敬する人の忠告は「ありがたい」と思うはずです。

信頼関係がベースにあり、「こういう人になりたい！」と思ったら、その子は、先生の言うことを聴くと思うんです。その信頼関係は、アタッチメントが基本になると言われています。

〈アタッチメントとは〉
何らかの危機に接したとき、あるいは危機が予想されたときに生まれる恐れや不安などのネガティブな感情を、特定の他者にくっつくことを通して調整

しようとする欲求であり、行動の傾向
（出典：『赤ちゃんの発達とアタッチメント』）

支援者の方が子どもと「信頼関係」を築き、「安全基地」になることが大切な場合がありますす。残念ながら、母親や父親、祖父母が「安全基地」になれない場合は、代わりに「安全基地」になることを支援者の方にお願いしたいと思います。

〈支援者が子どもとのアタッチメントで配慮すべきこと〉

1　身体的・情緒的ケアを十分に与えること
2　子どもの生活において連続的、かつ一貫した存在であること
3　子どもに対して情緒的投資を行うこと
（出典：『赤ちゃんの発達とアタッチメント』）

まずは、「身体的・情緒的ケアを十分に与える」こと。低年齢でスキンシップが好きな子は、いっぱいスキンシップしてあげる、スキンシップがむずかしい場合は、共感をしてあげる、それによって癒されていきます。

それから「連続的かつ一貫した存在であること」。たとえば里親がつぎつぎと変わってしまうような場合は、うまくいかなくなってしまいます。そのときどきによって対応が変わってしまうのも、好ましくありません。母親が境界性パーソナリティ障がいだったり、うつがあったりするとそれがむずかしいので、支援者の皆様に、代わりに一貫したケアをお願いしたいのです。

ここで「スキンシップ」がポイントになりますが、**「スキンシップ」のときに「オキシトシン」という「共感力」を高める物質が分泌される**といわれているんです。

ですから、嫌な感情が出てきたときに、自分が「安心・安全」を感じられる特定他者（おもに母親）と接することによって、心が安定していく。それによって、「共感力」も発達していきます。虐待などによってこれができないと、「愛着障がい」になりやすくなってしまうわけです。

ネグレクトなどがあって愛着が発達していないお子さんの場合、共感力が育ちにくいんです。「もっとお子さんに共感してあげてください」と、支援者の人が親にアドバイスしても、それまで自分が共感してもらっていなかったら、共感力はなかなか高めにくいということです。共感力は本能ではありません。個人差があります。いっぱい共感してくれた人がいれば、それによって、共感力が高まるんです。

私は児童養護施設で働いていたことがあるんですが、虐待を受けているお子さんが多いので、共感性が育っていないと感じるお子さんは多かったです。学校関係の方がこのメカニズムのことを知らないと「なんで思いやりのない行動をするんだ、もっと思いやりをもちなさい！」と叱責するんですけれど、この子たちには、それがむずかしい理由があることを知っていただきたいと、よく思いました。

「スキンシップが大切」とアドバイスされ苦しむ親

支援者の方は、基本のアタッチメントのことはご存知だと思います。ところが、基本の理論でうまくいかない子がいます。

まず、スキンシップが嫌な子がいますよね。感覚過敏がある、ＡＳＤの子に多いです。ＡＳＤがあるとアタッチメント形成がＡＳＤのないグループより、1年程度遅れる可能性があるという研究もあります。私の臨床場面の印象としては、もっと遅れているケースもあるのではないかと思います。

昔はそういう詳しい情報があまりなかったので、保健師さんが「お母さんの愛情不足です。もっと抱っこしてあげてください」と、アタッチメント理論で習ったとおりに「スキンシップが大切」と言うわけです。そうするとお母さんは「そうか、抱っこしなきゃいけないんだ。抱っこすると、泣いちゃうけど……保健師さんにそう言われたから、もっと頑張って抱っこしなきゃ！」と、こうなるとお子さんはパニックを起こして、ますます泣きます。**そこでお母さん自身が、「この子は、抱っこしないほうがいいみたい」と、思えるかどうかが肝心**なところなんです。

こういうときは、「安全の欲求を満たすところが『安全基地』なので、**スキンシップが嫌な子は無理にしない**」、というのが重要なアドバイスになります。でも、「この子、抱っこを嫌がるんです」と、お母さんが本音で話さないと、支援はうまくいかないわけです。

反対に、お母さん側に感覚過敏がある場合もあるので、子どもを抱っこするのが嫌な人もいます。「母乳をあげるのが至福の時」と、いろいろなところでいわれたりしますが、「母乳をあげるのが嫌」という方もいます。こういった、基本的なアタッチメントの理論にあてはまらない親子もいるので、そのときにちゃんと「例外」として、安全の欲求を優先してほしいと思うのです。

実のところ、母親は「子どもを抱くのが嫌」とは、なかなか支援者の人にも言えないんです。

それで、親支援講座では、「子どものことが嫌」と思うことがあってもいいですよ、子どものことをほめられなくてもいいですよ、無理にほめなくてもいいですよ、ってお話をするんですね。頑張りすぎちゃって具合が悪くなっちゃう人がよくいるので。

「誰かにほめられて、喜ばれる子に育てれば、ママがほめなくてもいいですよ」

って、あえてお伝えしているんです。

安全基地を母親に限らず、いろいろなところにつくる。これが大切ということですね。

この、アタッチメントの形成が小さい頃までにできないと、思春期以降にいろいろな課題が出てきます。でも、母親自身に「安全基地」がない場合もあります。母親にストレスがあったら、子どもの「安全基地」にはなれないんです。したがって、「親支援」が何より大切であり、母親の話をじっくり傾聴して、ストレスや怒りのマネジメントを、支援者の方に教えていただきたいんです。

安心グッズがあればママも楽になる

それから、「移行対象」を見つけられるというのは、大変重要なことなんです。不安になったときに母親代わりになる、「安心・安全」を感じられる物をもっていれば、特定他者がそこにいなくても大丈夫なんです。

たとえば、ＡＳＤの方の場合ですが、ずっと電車のおもちゃをもっていたりとか、こだわりがあって手放さない物があったりしますよね。それをお母さんが「もうお兄ちゃんになったんだから、そんな物もってないの！」と取り上げてしまうことがありますが、ＡＳＤの方の場合は、とくに「安心・安全」を感じられることが大切なので、「長い期間もっていてもいい」という発想が重要なんです。

愛着の問題に起因する障がい

繰り返しになりますが、**支援をするにあたって「発達障がいかな？」と思ったら、**

発達障がいのチェックと、マズローの欲求の階層のチェックをお願いします。

寝てない、食べてないは、「生理的・身体的欲求」の部分。それから「安全欲求」。ＡＳＤのお子さんは、感覚過敏があるため安全欲求が満たされにくいという問題はありますが、それはいったん別にしまして、家のなかで暴言・暴力、身体的・精神的な虐待を受けている子は、安全欲求が満たされません。安全基地が家のなかにないんです。それで、愛着に障がいが出ているために、発達障がいに似た症状が出ているというケースがよくあります。ですから支援者の方には、ここのところをまずチェックしていただきたいと思います。

親子関係をみないで子どもだけをみてしまうと、愛着障がいがあると、ＡＳＤやＡＤＨＤと誤解されることがあるということです。ネグレクトされた子は視線が合いませんし、テレビばかり見ています。落ち着きのないＡＤＨＤの特徴に似ている被虐待児もいます。発達障がいの研修が増えすぎたことで、かえってすぐに発達障がいと誤解されることが多くなっているのではないかと思うんです。

皆さんにぜひみていただきたいのは、母親との関係です。検診のなかには、母親のメンタルヘルスとか、母親と子どもとの関係性とか、意外と入っていないんです。

5　アドバイスが相手の怒りのスイッチを入れる?

支援＝連携

ここまで述べた支援を、支援者の方が中心になってやっていくというのはもちろん大切ですが、支援はチームでしてこそうまくいくものなので、連携をつくることが重要です。

支援のキーパーソンは、まず何よりご両親です。影響力があるので、まずここへの支援です。三世代同居の場合は、祖父母の理解も重要です。これは家族もひっくるめた支援ということになってきます。それから、幼稚園・保育園、小学校の先生との連携、特別支援学校・学級、通常クラスの先生との連携が重要です。なぜこれだけの教師間連携が必要かというと、子どもに影響力をもつ人が変わっていくからです。

親も理解してきて、先生も研修を受けて、しっかりとした対応をしてくださる。でもクラスメートが「お前バカ?! こんな字書けないの?」と言ったら、それだけでアウトに……だからつぎのキーパーソンは子ども、クラスメートということになると、こんど大切なのはクラスづくりです。いじめ防止、人権教育が重要になってきます。いじめ防止の教育を皆さんはやっていますか? 必ずやってください。ポイントは、

●嫌なことは人によって違う

●冗談でも人を傷つける可能性のある言葉は使わない

この基本的ルールを徹底することです。「あれ冗談なのに、それぐらいで怒んないでよ」という考え方をストップすることです。みんなの感覚でいう「冗談」は通用しない子もいるという共通認識を、「ユニバーサルデザイン」でつくることです。「冗談のつもりで言ってもダメ」ということを徹底する。「バカ」とか「死ね」とか、冗談のつもりでもNG。それをあらゆる教科の時間で徹底することです。

そしてこのクラスメート、親しい友人、先生といった人たちは、アタッチメントに課題を抱える子にとって、安全基地になる可能性があります。安全基地が家になかったら、担任の先生のところ、あるいは保健室が安全基地になることもあります。親も疲れちゃうので、**母親の安全基地としての学校**という機能も果たします。あるいは大

きくなって、結婚していいパートナーに巡り合って、アタッチメントの問題が解消されるという人もいます。愚痴を聴いてくれる人がいる場所。それが居場所になると思うんですよね。

その子への直接支援だけではなく、その子にとって影響力の大きいキーパーソンを探して支援する。これが間接支援です。親支援はまさに、いちばん影響力が大きい人なのでストレスマネジメントを教える、子どもの行動の見立て・6つの分類ができるように親を支援していただきたいと思います。

支援者としての皆さんは、担任ではなくなったり転勤になったりすると、支援がそこで終わりになってしまうかもしれないけれども、親の子ども支援は一生なんです。ですから、早い時期に子どもの行動の見立て・6つの分類を、親が知ることが重要なんです。そうでないと、子どもがリストカットをしたりひきこもったりしてから、「うちの子はどうも発達障がいで……」という話になって、それでどうしていいかわからなくなってしまいます。

アメリカには基本的に特別支援学校はないんですけれども、高機能のASDタイプの方が通う学校というのがあって、そこで何に力を入れているかというと、ストレスマネジメントなんです。ストレスマネジメントの個別学習プログラムがあるんです。ストレスを感じたときにどういうふうな対処をすればいいのかということを、徹底して教えるんです。これ、「ユニバーサルデザイン」でしませんか？

二次障がいというのは、環境がつくる障がいです。早いうちに環境を整えれば、二次障がいはなくなるということです。環境でいちばん大切なところが、親子関係。ですから、皆さんには親支援に力を入れていただきたいと思うわけなんです。

それでは、なぜ親との連携がむずかしいのか。繰り返しになりますが、まず、目標・願いにズレがあるからです。先生方にもいろいろな思いがあると思いますが、それを押しつけられていると感じると、親は離れていくんですね。診断名をつけようとしたりとか、アドバイスと親の思いにズレがあるとむずかしいんです。そのために大切なのは、まず傾聴なんです。相手が何を願っているのか、受容してあげてください。

それから、残念なことに支援のタイミングが合っていないこともあります。理論的にわかっていても、まだ気持ちの整理ができないということもあります。受け入れる準備が整っていないと、アドバイスが怒りやクレームの原因になることがありませんか？

燃え尽きないためにも連携

支援には、他職種との連携が必要です。バーンアウトしないように、一人で全部やろうと思わないでください。自分の得意分野は何かを考える、教育関係者の方はまず「子どもにわかる指示を出す」ということですよね。ドクターもそれはできないところです。そして、メンタルケアのところは臨床心理士や保健室の先生と協力する。こういう連携をして、一人で頑張らないことが大切です。

うまくいかなかったとき、皆さんどうしますか？

同じ方法を繰り返しますか？　繰り返してもいい結果は出ないことが多いでしょう。皆さんが疲れるか、子どもが疲れるか。あるいはどちらも神経疲労を起こして、「やる気スイッチ」が両方ともオフになってしまいます。

だから、**他の方法を考えたほうがよく、そのために必要なのが自分の専門以外の知識**なんです。これも、いちから勉強することはありません。専門家に聞けば大丈夫です。

よい人間関係は人を健康にし、幸せにする

このお話のさいごに、どうしても紹介したいエピソードがあります。

それは、支援には、信頼関係が何より大切と思った経験です。

NHKの「バリバラ」という番組に出演したときのことです。怒りの下には本当の気持ちがあって、それを引き出して言語化してもらって、そこに共感してくれる人がいると怒りが減る、ということを番組で説明しました。そして、ラッパーの方があるお子さんに、ラップでアンガーマネジメントをしたんです。

アンガーマネジメントにトライしたその子は、たまたまボイスパーカッションをやっていたので、全員にラップという方法がうまくいくとは限りませんが、ラッパーの方のアプローチは、カウンセラーがすることとほとんど同じで、本当の気持ちを見事に引き出したんです。その様子を見て、私は感激しました。**心理学とか教育学の専門家じゃなくても、アンガーマネジメントを教えることができると再認識しました。**「本当の気持ちを引き出すことが大切」という私のアドバイスを、ラッパーの方は理解して、とても上手にその子の本当の気持ちを引き出していました。信頼関係があると、それができるということを改めて感じました。

「バリバラ」では、アンガーマネジメントの「見方を変える」と「本当の気持ちを伝える」の2種類の方法が紹介されています。以下のホームページでは、その番組を視聴しながらアンガーマネジメントを教える指導案が2種類紹介されていますので、ご活用ください。専門家案は私が、一対一や小グループで活用することをイメージして作りました。一般のクラス向けの授業案もあります。

※ＮＨＫ「バリバラ」先生向け教材ホームページ

http://www.nhk.or.jp/tokkatsu/baribara/teacher/index.html

もう一つ、どうしてもお話ししたいエピソードがあります。

発達障がいのパステルゾーンのお子さんで、通常クラスにいたんですが、小学校高学年になってもおもらしをしてしまうことがあったそうなんです。それで、おもらしをすると、ご両親にすごく叱られていたそうです。そのとき、一緒に住んでいたおばあちゃんが、

「そんなに怒るんじゃないよ」

と、きつく叱責する両親をさとしたんです。

その子はきっと、おあばあちゃんに「ありがたいな」と思ったと思うんですね。

それからその子が20代になったとき、今度はそのおばあちゃんが認知症で失禁するようになってしまったんです。そのご夫婦が「おばあちゃん、そんなところでおしっこしないで！」と、やはりきつく叱責したら、そのパステルゾーンのお子さんがね、

「そんなこと言うなよ！　誰もおしっこしたいと思ってしちゃうんじゃないんだよ！」

と、ちゃんとおばあちゃんに共感して、助けてあげたそうです。

素晴らしいエピソードですよね。

それって、ハッピーじゃないですか？　すべてのことが完璧にできなくても、診断名がなくても、いい子に、育ってますよね。

苦手なこともできないことも、人格と行動を分けてみてくれて、サポートしてくれたおばあちゃんがいたから、やさしい、いい子に育ったんですよね。

1　社会的なつながりは人間にとって重要。孤独は人を殺してしまう
家族や友人などのつながりを多く持つ人は、少ない人よりも幸福を感じやすく、健康的で長生きする傾向にある。

2　友人の数や関係性でなく、関係の質が何よりも大切
ケンカや人との衝突が多い人は、不健康になりやすい傾向。
離婚やケンカの多い結婚生活は、後の健康被害につながっている。

3　よい人間関係は人の身体を守り、脳も守ってくれる
80代になっても記憶力に優れていた人は「信頼する相手が存在しており、親密な関係を持っている人が存在する」という共通点がある。

私たちの〈目標〉はなんでしょうか？　みんなが幸せになることですよね。
「何かできないことがあっても、あなたは大切な存在」

そのメッセージが、小さいころからの育ちで大切なんです。

右に挙げた、幸せになるための人間関係についての3か条を提唱する、アメリカの心理学者ロバート・ウォルディンガーによると、これには学歴は必要条件ではないそうです。社会的なつながりが大切で、友達は100人もいらない、一人でもいいんです。こういうことが満たされていれば、障がいがあっても幸せに暮らせるし、満たされていなければ、障がいがなくても幸せじゃないかもしれない。

今回のお話のなかで、皆さんが幸せになるために「ここを変えてみよう」と、ひとつでも思えることがあったら、ぜひ変えてみてください。

何かを変えないと、変わらない。

でも、何かひとつ変えると、劇的に変わることがあるんです。

ぜひ、いままでと違うことを何かひとつ、やってみてください。

そして、いちばん大切なことは、皆さんがご自身を大切にすることだと思います。

心のゆとりが、いい支援を生みます。ひとりで頑張らず、いろいろな人と連携してください。

【虐待と愛着障がい】

5歳頃までに虐待や、何らかのマルトリートメント（不適切なかかわり）を継続して受け続けると、約76％の子どもが愛着障がいを起こすといわれています。最近の脳科学の研究で、長期間の虐待で脳の機能障がいが起こることもわかっています。愛着障がいは2種類あり、発達障がいに類似している特徴もあるので、専門家でも鑑別がとても難しいです。表面上の特徴が、愛着障がいなのか発達障がいなのか、それともその両方なのかということで、サポートも変わってきます。

① **脱抑制型対人交流障がい**：特定の相手に愛着行動を示すことができない。社交的で誰にでも愛嬌を振りまき、他人に対して警戒心がない。衝動性があり、好奇心の強いＡＤＨＤに似た行動をとる。

② **反応性アタッチメント障がい**：苦痛な状態でもあまり反応しない。ネガティブな情動が感じられない場合もある。苦痛に対して「助けて」と言わない。感情表現があまりなく視線が合わないこともあり、ＡＳＤに似た症状を示す。

日本の社会では「愛のムチ」ということで、親が虐待を意識できない、子どもの人権という概念がなく、親は子どもに何をしてもいいという価値観があります。虐待や愛着障がいの研修を受けた支援者と意見が合わないこともよくあります。「子どものため」という大義名分で、親が実現できなかった夢を子どもに叶えてもらいたいという無意識の願いが、「教育虐待」の状況を生むということもあります。

脱抑制型対人交流障害
(Disinhibited Social Engagement Disorder)

これは、「反応性アタッチメント障害」とは逆の印象と言ってもいいでしょう。特徴としては、ほとんど初対面の人に対して過度に馴れ馴れしく行動することです。
具体的には以下のような特徴があります。

A：少なくとも以下の２つ以上の行動がある。
①見慣れない大人に対してもためらわず交流する
②過度に馴れ馴れしい言葉遣い、身体的行動をする（年齢から逸脱するレベルでの）
③不慣れな状況において、養育者が見えなくても平気
④見慣れない大人についていこうとする

B：以下のうち少なくとも１つ以上、不十分な養育様式を経験している。
①安心したり、愛情を持って養育者と関わることがなかった（社会的ネグレクト、または剥奪）
②養育者が頻繁に変わる環境だった（例えば、里親による養育の頻繁な交代）
③特定の人間と愛着を築きにくい環境にいた（例えば、子どもの数に対して職員の数が足りていない施設等）

上記の条件に加えて、少なくとも子どもは９ヶ月以上の年齢で、また注意欠如・多動症の衝動性（AD/HD）によるものではない場合に診断されます。

出典：水戸心理・療育センターHP
（http://www.mito-shinri-rc.com/aicyakusyougai）より

反応性アタッチメント障害
（Reactive Attachment Disorder）

これは、幼児または小児期において、発達的に不適切な愛着行動を特徴とします。不適切な愛着行動とは、「子どもが養育者に対して、安心したい、助けてほしいという行動を滅多に示さない、または最小限しか示さない」ことを指します。
具体的には以下のような特徴があります。

A：以下の両方の行動が一貫して起きている。
①苦痛な時でも、その子どもは滅多にまたは最小限しか安楽を求めない
②苦痛な時でも、その子どもは滅多にまたは最小限にしか安楽に反応しない

B：以下のうち少なくとも２つ以上の行動が見られる。
①他人に対して、最小限しか関わろうとせず、情動反応（笑ったり、泣いたりなど）も少ない
②「楽しい」や「嬉しい」と言った感情が制限されている印象を受ける
③大人が怒っていないときでも、イライラしていたり、悲しい、または怖がっている様子がある

C：以下のうち少なくとも１つ以上、不十分な養育様式を経験している。
①安心したり、愛情を持って養育者と関わることがなかった（社会的ネグレクト、または剥奪）
②養育者が頻繁に変わる環境だった（例えば、里親による養育の頻繁な交代）
③特定の人間と愛着を築きにくい環境にいた（例えば、子どもの数に対して職員の数が足りていない施設等）

上記の条件に加えて、少なくとも子どもは９ヶ月以上の年齢で、５歳以前からその症状が出ている、また、自閉スペクトラム症（ASD）の診断基準を満たさない場合に診断されます。
このように、特定の養育者と幼い頃に関係を築く機会がない（ネグレクトなど）場合、認知面や言葉の遅れなど様々な障害が出てきます。

出典：水戸心理・療育センターHP
（http://www.mito-shinri-rc.com/aicyakusyougai）より

表５　アタッチメント関連の障がいの特徴

【学習スタイル】

人間には、色々な学習スタイルがあります。その中から3種類を紹介します。左のページのチェックリストで、優位感覚をみつけてみましょう。

発達障がいのある人の場合、認知機能の偏りで学習スタイルのアンバランスがみられますが、それは「得意な学習スタイルがある」ともいえます。ASDのある人は視覚記憶がよく、LDやADHDのある人は、マニュアルは苦手だけど、スキルを実体験で身に着けることが得意です。

日本の教育は視覚型がメインですが、ADHDのある人は視覚型より、聴覚型や体得型が多いです。したがって、本来は能力があるのに、日本の教育には合わなくてドロップアウトしてしまうという人がかなりいるということがわかります。

学習スタイルは、皆さんの「教えるスタイル」につながる可能性もあります。親御さんも先生も、ご自身の学習スタイルが一番効果的だと思うので、お子さんにもそれと同じ学習スタイルを押し付けてしまうことがあります。たとえば「うちの子どもは寝転がってラジオを聴きながら勉強するんで困ります……」という親御さんの場合、ご自身は静かなところでじっくり学習する「視覚型」で、お子さんは「体得型」で、音楽があったほうが学習しやすいということもあります。

皆さんもお子さんだけでなく、若手の先生方などを指導することがあるかもしれませんが、その人の学習スタイルに合わせて指導してあげると、スムーズにいろいろと覚えてもらうことができると思います。

「えでゅけルン」：学習スタイルチェッカー（一部抜粋）
※iPhoneでApp Storeよりダウンロードできます（Androidは未対応）
※正式に判定するものではありませんが、まずはご自身でやって、違いを体感してみてください。

1 視覚型
□ 書面の指示やマニュアルがあると分かりやすい
□ 講義や会議中、ノートやメモをよくとる方だ
□ 文章や図表など視覚的な情報があると理解しやすい　など

2 聴覚型
□ 知らないことをやるとき、口頭での説明がある方がよくわかる
□ 音読した方が文章の内容を理解しやすい
□ 人から説明を聞くと、パソコンや家電などの操作を覚えやすい　など

3 体得型
□ 説明書は見ないですぐにパソコンや家電などを実際に動かしてみる
□ 体験学習など、実際に体を使った学びの方が好きだ
□ まずは自分で実際にやってやり方を覚える方だ　など

表6　「えでゅけルン」：学習スタイルチェッカー

Q：通常クラスで特別支援をしたいのですが……

通常クラスで特別支援をしようとすると、「その子だけずるい」「えこひいきだ」と言われたり、本人がみんなと同じことをやりたいと言ったりして、うまくいかないことがあります。どうしたらいいでしょう？

A：支援のための下準備はできていますか？

「みんな一緒、クラスで同じことをする」という日本式でよくあることだと思います。実は、特別支援教育を通常クラスで実施する前に、必要なことが二つあります。それは、「一人一人の長所・短所は皆違う」「一人一人、嫌なことも皆違う」「苦手なことは助け合う」というような、人権教育です。「違う」ということは「間違っている」ということではなく、「同じでないだけ」という「良い・悪い」という評価を入れないことの重要性を、クラス全体で共通認識にする必要があります。

　もう一つ、支援の環境が整うなら、本人が支援を受けようと思うための、自己理解を促す必要もあります。せっかく合理的配慮を教育界で提供するという法律が通ったのに、本人が特別支援教育を望まないと、原則、合理的配慮は受けられません。それから、利用できる資源、たとえば大学や高校の入試で、試験時間の延長等が可能になっているということを、本人や保護者にも伝えていく必要もあります。自分はどういう条件のときに、どういう助けがあるときに、それができるのか。そういった、うまくいく条件を探し、それを活用したほうが得であるということをわかるためにも、自己理解がとても重要なのです。これを学生のうちに知ることが、成人になったときに、実はとても大切なことになります。いずれにしても、「お年寄りが苦手なことを、孫がお手伝いする」という当たり前の感覚の延長線上に、クラスメートのサポートがあると思います。

　現在、合理的配慮で入試も大きく変わっています。診断名があり、たとえば、感覚過敏で静かなところでやるとテストの点が10％あがるといったデータがあれば、入試の時に別室受験が可能な高校や大学があります。障害者差別禁止法が施行されていますから、基本的に国公立校はその支援を提供しなければなりません。また、受験で使えなくても、今後の資格試験の勉強の時など、どういう条件だと効率的に勉強できるか知っていると、卒業後の人生の質が高まりますよね。

Q：支援に使える時間がなくてフラストレーションがたまります

やるべきことはよくわかりますが、現場では時間がなくてなかなかできません。頑張ってもすぐには結果が出なくてやる気も失せ気味で、うつっぽくてイライラして八つ当たりしてしまいます。

A：まずご自身を大切に。達成感を得られる方法を考えてみましょう

頑張ってるのに結果が出ないと、つらいですよね。多くの支援者の方のお悩みだと思います。重篤なケースは問題が複雑にからみあっているので、他の専門家と連携することをお勧めします。専門性が違うと、見立てと支援の選択肢が広がり、その結果が変わるということがありま

す。

そして、難しいケースではなく、パステルゾーンの方の支援をすると、すぐに結果が出ることが多いので、重篤なケースだけではなく、ちょっとしたサポートでぐんと伸びる子どもの支援を、並行してやっていくということをお勧めします。支援者にも達成感が必要ですよね。それから、目標の見直しも大切です。職種にもよりますが、「すべてにおいて完璧を目指さない」ということは重要です。

なによりまず、皆さんご自身が疲れている場合、きちんと寝ることをお勧めします。神経疲労があると、頑張ってもいつもの実力が出せないことがあります。また、女性の方の場合、生理前や更年期など、女性ホルモンが減少している時期には、ＡＤＨＤに似たワーキングメモリや実行機能の低下、気分の落ち込みやイライラがとまらないことなどが多くなります。自分を責めずに、体調の悪いときは食事をつくらず惣菜を買ってくるなど、手を抜くこともお勧めします。あまりに症状がひどい場合は、我慢せずに、婦人科を受診するといいでしょう。

ＰＳＭ（月経前症候群）や更年期障がいなら、女性ホルモン剤などで改善することもあります。「これから一週間、イライラしてポカミスが多くなるからよろしくね！」などと、周囲に自分のサイクルを伝えておくのもいいですね。

ライブ3

親御さんへ ～親子で幸せになるために～

1　子育てストレスを軽くするヒント

幸せになるという目標

私はいま、保育園・幼稚園の巡回支援とか、高校のスーパーヴァイズとか、大学でも教えていたりします。個人の方のご相談も受けるんですが、最近は成人の方のご相談が多いです。それで、成人の方を支援すると、それぞれのライフステージで何をやったらいいかということが、すごく見えてくるんですね。そういう将来を見据えたお話を、これから皆様と共有できたらいいなと思うんです。

はじめに、親子が幸せになる条件って、なんだと思いますか？

皆さんそれぞれに考えていただきたいと思います。

たとえば、いい大学に入学して卒業すること。大企業に就職すること。これが幸せでしょうか。

いい大学に入ることが幸せだとすると、子どもがいい大学に入るように育てたいんですよね。そこが目標になると、もしかしたら、いま本当にお子さんのためにやるべきことの優先順位が、ちょっと違ってくるということがあるかもしれないですよね。

小さい目標はいろいろあると思いますが、最終目標というのは、子どもが幸せになることだと思いませんか？

でも、支援者の皆さんと親御さんとで、日常ではいろいろ意見が対立すると思うんです。ご夫婦で意見が一致しないということもありますよね。「意見が合わない」ということは、かなりのストレスですよね。**大切なのは、共通目標です。まず両親で、そして親御さんと支援者の方とで、同じ目標をもつことが大切**なんです。

「子どもが幸せになる」という最終目標のために、価値観のズレを微調整しつつ、共通目標をもち、そのために**どういう選択をしていくか**、ということじゃないかと思うんです。障がいがあってもなくても、幸せな人もいるし不幸せな人もいて、障がいの有無と幸せに相関関係はないと思うんですよね。障がいがあるから全員不幸せということはない。障がいがあっても、幸せな人はいるわけなんですよね。

私自身も発達障がいがあるわけなんですけれども、ライフステージのひとつひとつのポイントのところで、ここが人生の分かれ道と思うことがすごくあったんです。

皆さんも色々悩むと思うんです。たとえば支援者の方に、宿題とか日常の課題で「そんなに無理してやらせなくていいと思いますよ」と言われる、そこで親として悩むと思うんですよね。「やらなくていい」という選択肢を取ることが、幸せにつながるという自信がないと、みんなと違う基準で育てるのがいいことなのかと、悩まれると思うんですよね。

でも、真の目的は、同年代の子と同じになるように育てるということでは、ないかもしれないんですよね。

うまくいかないとき、どうしたらいいでしょう?

皆さん、いろいろ悩みがあると思います。うまくいかないことがあると思います。どうしますか? うまくいかないことを繰り返しますか?

発達にアンバランスのあるお子さんの子育ては、うまくいかないことの連続かもしれません。

でも、同じ方法を繰り返すと、それはたぶん、またうまくいかないんですよね。「**何か条件を変える**」ということをしないと、やみくもに頑張っても、うまくいかないことを繰り返してしまう。そこに早く気づいた人から、早く幸せになる気がするんです。うまくいく条件は、お子さんそれぞれで違うんですね。何人かお子さんがいらっしゃる親御さんで、「同じように育てているのに、この子はできないんです」とおっしゃる方がいるんですけれども、そこに「同じように育てているから大丈夫」という発想はないですか？「同じように育てるからうまくいかないのかも」という視点が大切です。

皆さんもご自身の親御さんから教育を受けて、それが見本になっていて、それと同じ基準で、自分のお子さんを育てる。そのやり方で、本当にうまくいくかどうか。その確認が重要だと思うんです。皆さんのお子さんは、半分パートナーの方のDNAが入っていますから、皆さんがうまくいった条件でうまくいくとは限らないわけですね。だから、まずはお子さんと一緒にうまくいく条件を探すことができる、そして将来的には、**お子さんが自分でうまくいく条件を探して、できないことは誰かにSOSを求められるように育てる**ことが重要だと思います。とくに、障がいがあったら、うまくいく条件は障がいのない子とは違うんです。そうですよね。

では、うまくいく条件を探すには、何が大事なのでしょうか？それは、**障がいを**

受容するというより、「特性を受容すること」だと思うんです。そして、**その特性に合った条件を探していく。**

ですから、早い段階でお子さんの特性を受容できて、その子に合った課題を与えてあげられると、その子は伸びていくんですよね。

だけど、その子に合っていない課題を頑張ってやらせちゃうと、そこで「やる気スイッチ」が壊れることがあるんです。「やる気スイッチ」って壊れるんですよ。大切なのは、「やる気スイッチ」を壊さないことですよね。

やる気をなくさず、少しずつでも何かができるようになること。

その「何か」を選ぶのは、やっぱり大人だと思うんです。子どもはなかなか自分では選べないので。

これからいろいろなお話をさせていただきますけれども、ご自身が幸せになるために、お子さんが幸せになるために、何が大切なのか——。考えてみてください。

子育てストレスのつらさ

そうはいっても、親にはいろいろなストレスがあるわけです。たとえば、表7のようなストレスはありませんか?

発達にアンバランスがあると、お子さんそれぞれに特性があります。その特性が理解できないことから生じる子育てのストレスは、いちばん大きいかもしれません。そして、ご自身が育てられた方法で育てて、うまくいかないと、子どもがダメか自分がダメかとなってしまう。

お母さんもお子さんも、ダメなわけではありません。うまくいく方法ではなかっただけなんです。この、**「方法が合っていないだけ」という発想は大切**です。そうすれば、誰も責めないでいいんです。

「なんでできないのかわからない」、こういう単純ミスでのストレスも、ミスをするメカニズムがわかれば、「ああ、ケアレスミス起こる

・集団行動や「普通の行動」ができない
・なんでできないのかわからない、ケアレスミスをする
・失敗を繰り返す、切り替えが悪い
・会話がかみ合わない
・他者視点のなさ
・突然のパニック
・子どものことを誰かに指摘される（親の自信がなくなる）
・教育方針が家族や、先生と合わない
・ＳＯＳが自分の親に出せない
・周囲の目が気になる
・相談したくてもできない

表７　特性が理解できないことから生じる子育てのストレス

よね、作業記憶という指示を覚えているところの力が弱いから」と、理解できますよね。誰にでもうっかりミスというのはあります。でもその人はダメ人間ではないですよね。

お子さんの行動には、その原因があるんです。たとえば、ここに挙げたなかに「パニック」というのがありますが、お出かけしてお子さんがいきなりパニックを起こすと、お母さんもびっくりしますよね。でも、パニックというのは実は、突然ではありません。予兆が必ずあります。予兆となるのは、その子のストレス反応です。ある子は、同じ質問を繰り返すとか、こだわりが強くなるとか、いつもと違う行動をするかもしれません。ただ、それをわがままと取るか、何かストレスがあるのかなと取るか、この見立てを間違えちゃうと、あとの支援が全部違ってくるということです。

まだまだありますよね、親御さんのストレス。子どものことを誰かに指摘されると、親の自信はなくなってしまいます。でも大丈夫です、自分と子どもの問題を分けて考えましょう。子どものそのときの言動がＮＧでも、「ダメな親」ではなく、感覚過敏があったり、関わり方が合っていなかっただけかもしれません。大切なのは、パニックにならない方法を探すこと。まだ見つけていないだけかもしれません。

たとえば、わかりやすいストレスの場面として、宿題をやる、やらないというときがあります。無理にやらせるのかどうか、ここにいちばん「幸せとは何か」という価値観が出てきます。

お子さんがやらないその宿題というのは、その子に合っていると思いますか？　課題が実力＋1でないと、「やる気スイッチ」が壊れてしまいます。では、宿題を全部やるということは、そうまでして大切なことなのでしょうか？　そこの価値観が親と子ども、先生とで一致しているかどうかが重要なんです。

いろいろな講座で、**実力＋1の課題を出すことが重要**ですとお伝えしていますが、あるお母さんのお話をご紹介しましょう。

ちょっと知的障がいがあるかな、というパステルゾーンのお子さんがいて、小学校1年生の時に、先生に「うちの子は何時間かけても宿題ができないので宿題を変えてくれませんか？」とお願いしたら、先生は考えてくれて、それでお子さんは、量が半分になって内容が簡単になったら、宿題が大好きになって宿題を毎日やっている。宿題に対する価値観が一致して、その子に合わせた課題にしたら、その子が楽しく学べるようになった。その方がよくないですか？　みんなと同じ量と内容の宿題を無理にやること、みんなと一緒にさせること、それは大切でしょうか？

夫婦で意見が一致しないこともあります。「宿題は全部やるもんだ！」という父親と、「できるところだけでいい」という母親とがバトルになって、価値観の相違が続くと離婚となることも……。これが子どもの安心をおびやかしてしまう。

結局はここなんです。**本当のストレスは、「みんなの意見が一致しない」**ということなんです。ここで大切なのは、それぞれの主義主張、価値観はいろいろあると思うんですが、「子どもが幸せになるためにどうしたらいいか」を、一番の目標にすることなんです。

そのためにはまず、10年後の幸せではなくて、いまの「やる気スイッチ」を入れてあげることなんです。

「あなたの幸せのために、この宿題を全部やったほうがいい！」

これは本当かと、時々自問してください。

お子さんが成人するころは、相当変わっているはずです。たとえば私にはＬＤがあり、字が書けなくて困ることがあるんですが、それでも本をけっこう出しているんです。どうやって書いているかといえば、テープ起こししてくれる人がいるんです。話したことを、文字にしてくれる人がいる。あとは、音声入力のソフトを使います。スマホで音声入力ができ、漢字かな、記号混じり、それに英語もきれいに出てくるんです。

時代はどんどん進化しています。漢字を10個書いて覚えられない、夜中の2時までやらないといけない、そんな宿題はその子に合っているんでしょうか？　それよりも、しっかり寝て、音声入力の道具の使い方を覚えたほうがいいと思いませんか？

こういうデジタルツールの使い方を練習すると、ＬＤや知的障がいがあってもメールを出せます。これなら、自分で無理して書く必要はありませんね。

親も助けを求めましょう

自分の親との関係も重要です。お子さんをほめられないという親御さんのなかには、ご自身がほめられて育っていないという方がいます。

あるいは、ご自身が親からすごく叱られて育った人。子育ての悩みを親に言うと、「そんなこともできないの？」とまた叱られるから言いたくないという方もいます。そのままだと孤立してしまうので、そういう方にこそ、支援が必要なんです。

安全の欲求をおびやかす虐待には、蹴るやたたくといった「身体的虐待」や、「こんなこともできないのか」「お前は人間のクズだ」というのを6か月以上継続してずっと言っていて、子どもの自尊感情を下げるようなかかわりをするという「精神的虐待」もあります。安全の欲求をおびやかす虐待は、ダメージが思春期以降に出やすいといわれています。

それから最近は、「教育虐待」というのがあります。**「教育虐待」とは、「あなたのため」という大義名分のもとに、親が子に行ういきすぎたしつけや教育のこと**です。

親御さんでも発達障がいの特徴が少しあると、ご自身の親からすごく厳しく教育虐待を受けてしまっていることもあるでしょう。それをそのまま、しつけだと思って、自分の子どもにもそうしなくてはいけないと勘違いしてしまっていたら、どこかでそれを止めなくてはいけません。

もうしてしまったと思う人もいるかもしれません。でも、そのことにどこかで気づくということが、大切なんです。**虐待かもと気づいたらまず、自分はOKと思ってください。そして、誰かにSOSを出してください。**このまま続けたほうがいいのか、どうしたらいいのかわからないという悩みを相談してほしいと思います。

「あーできなくてダメ」という罪悪感や無能感が出てくると、それが自分への怒りになってきて、次に「こんなに私が苦しむのは○○のせい！」と、その怒りが連鎖しませんか？　広い意味での虐待の連鎖につながってしまう。そうならないためには、まず親子それぞれの特性の理解が大切になります。何をやっていいかよくわからないと思ったら、支援者に相談してください。

ＳＯＳを出せる人が家族にいればベストですが、遠くにいても「今日うまくいかなかったの、またたたいちゃった」「バカって言っちゃった」、そういう愚痴を聴いてくれる人がいたら、親はどんなに楽になることでしょう。

子育てストレスを軽くするために

では、ストレスを軽くするために、何が大切なのでしょうか？

〈子育てストレスを軽くする3つのポイント〉

1　同年代の子どもと比べない、兄弟とも比べない

2　考えても変わらないことは、考えない
3　子どもの特性に合わせた、わかる指示を出す

1　比べない

まず、比べないこと。
比べるのを止める、これに尽きるわけです。「やる気スイッチ」を壊さないために、実力＋1の課題を与えるとお話しましたが、この実力＋1の課題は、同年代の子と同じようにと思っていたら、絶対出てこない発想なんです。

それからとくに、「弟はできるのになんでできないの」ときょうだいと比較することは、絶対言わないでください。これほど傷つくことはないです。親が先に死ぬ確率が高いので、残るのはきょうだいです。ですから、きょうだいの仲がいいというのは、非常に重要なんです。もし比べるとするなら、その子の過去と比べて、1か月前よりこれが早くできるようになったとか、具体的に言ってあげるのがいいです。

2　考えない

もう一つは、考えても考えなくても変わらないことは、考えない。

たとえば、「将来この子は大丈夫かしら」とか、いま考えても考えなくても、何もできないですよね。それでストレスを増やしてしまって「しっかりやりなさい！」と怒鳴っているほうが、お子さんのいまの安心・安全が満たされないわけなんです。変わらないことは考えず、いまの安心・安全を確保してあげることをおすすめします。

そのためには、**「考えても変わらないことを考えている自分」に気がつかないと、考え続けてしまいますね**。まず気づくことが大切です。

3　特性に合わせたわかる指示を出す

それから、親御さんのいちばんストレスになるのは、お子さんが言うことを聞いてくれないときですよね。「片づけて」と言ったのに片づけてくれない。そういうときに、プチっと怒りのスイッチが入りそうになる。よくあります。

お子さんがかまってほしいとただをこね、大人の忙しさが「わからない」ということもあります。そういうときに「あっち行って！」と言うと、自分は嫌われているんだと子どもは、勘違いしちゃうんですね。「忙しい」ということがわからない。

そこで「いまから30分ご飯をつくるから、その間は遊べない」と前もって言ってあげるとか、それでも遊ぼうとするなら、**「あなたのことは好きだけど、いまは遊べない」**と言ってあげる。こういうちょっとした言葉の使い方が大事ですね。

それで、いろいろなところでお話ししているんですが、お子さんの特性に合わせて、お子さんがわかる指示を出すことが、一番の解決策になります。

そのためにまず、指示が入らなかったときに「あ、わからないんだ」という気づき、良い・悪いの評価をしないで、「この指示だとわからないんだ」という事実確認をすることが大切です。わからないということでがっかりしやすいですけれども、「わからないだけ、それならわかる指示に変えてあげる」、そう思うことがポイントになると思います（ライブ3　キーワード「4つの行動の分類」参照）。

2　失敗しても大丈夫
——安全基地の作り方

でも、子どもを一生懸命愛しているのに、愛情が伝わっている感じがしない。どう愛したらいいか、わからない。

それで、子育てがうまくいかないということで、「自分はダメな母親だ」って勘違いしてしまう。

もし、そういうことがあったら、とてももったいないなと思うんですね。

ダメなママ、ダメな子はいないんです。

子どもにとってお母さんは、一番の「安全基地」です。このことは発達障がいのあるなしに関係ありません。

何かうまくいかないことをしているから、子育てがうまくいかない。どこかをちょっと変えると、お子さんの行動が整ってくることがあるんです。

では、うまくいっていないときに、どうしたらいいのか。子どもとの関係がうまくいかない、自分が子どもの「安全基地」になっているか心配になったら、26ページの図2と、その説明を思い出してください。

「マズローの欲求の階層」というこの図は、人間の欲求には階層があるという、マズローの考えを図にしたものです。この欲求のピラミッドは、下から満たしてあげる必要があります。下から子どもの欲求を満たすことによって、お母さんは子どもの「安全基地」になることができます。

小さいころ、特に学童期前ですが、下から4番めまでの欲求をていねいに、ていねいに満たしてあげると、思春期の反抗がマイルドになるといわれています。基本的な信頼関係が小さいころにしっかりできると、後の子育てが楽になるということです。自己コントロール力もついてくるんです。この後のことを思い浮かべて、「いまはちょっと大変だけど、頑張ってみよう」と思うといいかもしれないですね。

ピラミッドの下から4番めの「セルフエスティーム欲求」までの部分は、欠乏していたら、すぐにでも満たしてあげないといけない。だから、**まずは「安心・安全」なんです。**お勉強の前に、しつけの前に……。

この、マズローの欲求の階層を下から満たすのが大切だということは、ママたちご自身にもいえるわけですね。もちろん、パパもそうですし、支援者の方もそうですけれども、皆さんが忙しくて、心配事があって、寝てない食べてないということがありませんか？　それから、もしかしたら皆さんが、いろいろな意味で家族のなかで、安全の欲求が満たされていないということもあるかもしれません。また、家族のなかに居場所があるのかどうかも大切なことです。

信頼感を育てる、アタッチメント

それでは、「安全基地」とは何か、お母さんが子どもの「安全基地」になるには、どうしたらいいのでしょうか？

〈知ってほしい　アタッチメントの基本〉

1　愛着：親子の情緒的絆（必ずしも母親でなくてもOK）
2　ネガティブな感情をスキンシップで安定させる
3　安全基地：安心グッズへの移行

小さいころから子どもの欲求を満たしてあげると、お子さんとの間に信頼関係ができます。

お母さんとお子さんには特別な「心のつながり」があると思うのですが、この「心のつながり」をアタッチメントといいます。「親子の絆」のことです。その絆をつくる基本についてお話しします。

このアタッチメントがしっかりしていると、自分や他人への基本的な信頼感が形成され、体と心、共感する力がしっかり発達していき、がまんする力や、教えられることを受け取る土台ができるといわれています。ですからとても大切なんです。

まず、お子さんが嫌じゃなかったら、そして親御さんご自身も嫌でなければ、スキンシップをしてあげてください。小さいころにスキンシップをしてあげると、リラックスして共感性が高まるといわれているんですね。これはお母さんでなくても大丈夫なんです。パパでもおじいちゃんおばあちゃんでもいいんです。長時間の抱っこでなくても、ハグや肩をさすったり、手を握るとか、そういうことでも安心感が出てきます。ネガティブな感情を安定させることができるんです。

それから共感の言葉が大事ですね。ケガをしたとき、「痛かったんだね」と言ってあげる。「真っ直ぐ前見て歩きなさいって言ったでしょ！　だからぶつかるのよ」ってついつい言いたくなるんですよね。でもちょっと言う順番を変える。「痛かったね、こんどは真っ直ぐ前見て歩こうね」というふうにする。これだけで、ちょっと関係性が変わってくる感じがしませんか？

通常、母親が安全基地になります。たとえばお子さんに嫌なことがあったとき、ママのところにきて「虫にさされた」とか、「転んだ」とか、いろいろなことを言うわけですよね。そのときに、「それぐらい我慢しなさい！」っていうより、「痛かったね」って言って共感してあげる。母親という安全基地に戻って癒され、元気になって、また外に出て行こうという気持ちになるんです。

ただ、ずっと子どもがべったりしてたら、ママも疲れちゃいます。**ママの代わりになるものを見つけてあげる**といいと思います。ぬいぐるみとかお気に入りのタオルとか、そういう物をもっていると、ママという安全基地の代わりになって安心する。こういう「安心グッズ」が大切なんです。

不安が強く、これをずっともっていたい子もいます。ですから、「もう6年生になったんだから、これは捨てます」と言わないで、どこかに飾っておく。嫌なことがあったときは、ぬいぐるみと一緒に寝るとか。高校生でも二十歳でも、安心グッズがあるというのは、心の安定に大切なんです。

残念なことに、ゲームが安全基地・安全グッズになることがあるようです。ゲームの時間が長くなったということでゲームを取り上げ、問題が解決するでしょうか？　学校や家庭で安心・安全を感じられない、たとえば、**いじめや虐待があり、辛いことからの逃避としてのゲーム、心の拠り所としてのインターネット**になっていないか。ゲーム依存の問題で、見落としがちなのはこの点だと思います。

問題があると感じたとき、一人で頑張らないで、親もＳＯＳを求めることが大切です。そのうちよくなる、家族の中で何とかできると思わずに、早めに専門家に相談することをおすすめします。依存になってからでは、支援がよりむずかしくなります。重度になると、親が取り上げても、嘘をついて隠れてゲームをやったり、ゲーム喫茶などに入り浸りになったり、友だちのものや、お店の物を盗んだりという方向にいってしまうこともあります。

ママ一人でケアしようと思うとストレスになるので、いろいろな人が安全基地になり、ケアしてあげましょう。**「ひとりで頑張らない」ということが大切**です。ママがいろいろな理由でストレスフルなときは、代わりに地域や学校に安全基地があるといいですね。

〈アタッチメントがしっかりしていると……〉

1　感情の調節・立て直しができる→自他への基本的信頼・自律性

2　感情の調律・映し出しができる→心の理解能力・共感性・思いやり

安全基地に子どもがずっといると、ひきこもりにつながる親子の一体化になり、これはこれで心配なことです。嫌なことがあっても、癒されてまた外に出ていく。きちっとしたアタッチメントができていないと、分離が上手にできません。だから、**いかに立て直しをサポートして、子どもが外に出て一人でやることを親が見守るか**なんです。

アタッチメントは、心の発達に関係してくるんです。アタッチメントがしっかりしていると、「マイナスの感情の調節・立て直し」ができるようになります。回復力のことを「レジリエンス」と言ったりしますが、失敗したときにそのまま崩れず、立ち直る力。アタッチメントはこれと重要な関係があります。

自分と他人への基本的信頼、回復できるという自分への信頼・助けてくれる人がいるという他者への信頼、その自律性と、人の助けなしで自分を律すること。これらは、アタッチメントの形成が必須条件です。

それから「感情の調律・映し出し」。悲しい、痛い、というときに、「悲しかったよね」「痛いよね」と共感してくれる人がいることによって、共感力が育ち、他者への共感性が高まるんです。これは「感情に名前をつける」というふうにもいいますが、子どもが泣いているときに「悲しかったんだね」と言ってもらうことによって、「こういう気持ちは『悲しい』っていうんだ」と理解していく。このかかわりがすごく重要なんです。

発達にアンバランスがあってもなくても、お子さんの良い「安全基地」になってあげて、日常生活に支障が出ないようにサポートしてあげる。それには何より、親子関係が大事です。ＡＤＨＤなどの障がいのある子は、虐待もしくは虐待に近い養育を受けるリスクが高いといわれています。その理由は、わざとではありませんが、子どものＡＤＨＤなどの特徴が養育者の敵対的な感情を誘発しやすかったり、不注意や多動などにより、養育者がストレスを抱えやすいからです。

ですから、親のストレスマネジメントがとくに大事なんです。

3　普通って何？——パステルゾーンという考え方

わが子の「特性」を受け入れる

自分の子に障がいがあった、それを受容するのは大変なことです。

でも、日常の生活をうまくやっていくには、障がいの名前はあまり関係ありません。自分の子にはこだわりがある、集中力がないといった「特性」があるのだと理解する、受容するほうが大切です。

「この子は注意を切り替えるのが苦手なんだ、だから何かをしているときに声をかけても聞こえないんだ」というように、特性を「そういうものなんだ」と理解して受け入れないと、そのお子さんに合った本当の支援にならないんです。

それをふまえて、どうやったらうまくいくかということを、ひたすら考えていただきたいんですね。苦手なことをトレーニングするというのも、ある段階では必要になってくるんですが、それにも**まず、お子さんの特性を受け入れること**なんです。

皆さんは、「特性を受け入れること」がむずかしいと感じますか？

もしそう感じるとしたら、そこに「評価」が入るからなんです。「できないからこの子はダメ」という、「ダメ」の部分が評価です。

では、評価をしないというのはどういうことか。

「多動があってもなくても、あなたはあなた」と、まるまるお子さんの存在を受け入れるということなんです。わからないことがたくさんある、でもそれは、ただわからないだけ。うっかりがたくさんある、うっかりなだけ。それだけなんです。

うっかりミスが多い人は、ダメ人間ですか？　60歳過ぎると、みんなうっかりミスが増えますよね。では、60歳以上は、みんなダメ人間ですか？　そうじゃないですよね。だから、うっかりという「特性」と、その人の「人格」とは別にすることが大切なんですよね。何かできないことがあっても、その子がダメな子というわけではないんです。そこを分けて考えないと、なかなか特性を受け入れることができなくなってしまう。

そうは言っても、特性を受け入れるということは、言うよりもむずかしいかもしれません。でもそこからがスタートです。

なぜでしょうか？ どういうことが苦手なのかという特性を知らないと、実力＋1以上の課題を与えてしまって、「やる気スイッチ」を壊してしまうことがあるからなんです。大切なのは、わが子の特性を受け入れて、うまくいく条件を探す。実力＋1の課題、特性に合った課題を見つけてあげることだと思うんです。

そのために、情報が必要なんです。

診断名がついていても、その子がうまくいく条件を探せなかったり、実力＋1の課題になっていなかったら、自信がもてず二次障がいになりやすくなります。

「やる気スイッチ」が壊れたら、もったいないじゃないですか。子どもは、毎日毎日新しいことをやるんです。不安が強くなったりすごく怒ったりしても、「やる気スイッチ」が入らないことがあります。だから、不安と怒りを取り除いてあげる、ストレスマネジメントが重要です。それには、どういうときに不安になるか、怒りが出るかという、わが子の性格、特性を受け入れることが大事ではありませんか？

診断名がつくほどではないけれども、発達に軽いアンバランスがある子、アンバランスはあるけれどうまくいっている、こういう子たちのサポートも大切です。

なぜかというと、診断名がついていない子だと、うまくいかなくなったときに、「あなたの努力が足りない」「親のしつけがよくない」と言われ、虐待のほうに進んでしまう可能性があるからです。診断名がついてないことで、親が苦しいところもあると思うんです。障がいがあるかないかの二択ではなく、「パステルゾーン」というところからの受容もありだと思います（「パステルゾーン」についてはライブ2参照）。

大切なのは、診断名を受け入れることではなく、あくまで特性を受け入れることなんです。診断名がついているのに、「うっかり」とか「わからない」という特性がわかっていなかったら、それはとてももったいないことですね。

成人を支援していて、そこが大切と思っています。「普通を求めない」ということなんです。みんなと同じにさせようとすると、具合が悪くなってくるんです。**普通をちょっと手放す。これが重要なことがあります**。パステルゾーンでそれができたら、診断名がつかないままうまくいく場合があります。ここで気合いを入れて「全部できるようにしよう」とすると、環境からくる二次障がい、適応障がいやうつとか、先にそちらの診断名がついてしまうことがあるかもしれません。これは避けたいですね。

特性に配慮しないと……

特性のなかに、「感覚がデリケート」ということがあります。この感覚過敏が、子育てのお母さんにとってすごく大きな苦痛になるんです。お母さんがこういう特性を早く受け入れると、マズローの欲求の階層の下の部分を満たすことにもなると思うんです。

感覚過敏があるというのがわからないと、音などへの過敏さによるストレス反応で攻撃的になったり、ひきこもり（回避）、一人になりたがったりするのに、無理に集団に入れるとか、大きな声で叱責したりとかしてしまうんです。そういうことをするとパニックが起きたり、不安が強くなったりしてしまいます。シャワーが痛いという子もいますし、特定の服が嫌（ゴムがきつい、タグがついている、肌触りが苦手）という子もいます。急な体へのタッチも気をつけたほうがいいですね。

感覚がデリケートなお子さんの睡眠についていえば、シーツを変えるだけで熟睡できるようになることもあります。眠れない原因は睡眠リズムの問題だけでなく、感覚過敏にもあるので、気をつけてあげてください。

それと、基本的なところで、よく眠れるようにするにはどうしたらいいかということなんですが、まず夜寝る前にテレビとかスマホのライト、ブルーライトを見ないほうがいいんです。親御さんが遅くまで働いていて保育所に預けられている子、スーパーなどに遅い時間に子どもがいることもありますが、電気の光、ブルーライト、テレビの光、こういうのを寝る前に浴びると、いい睡眠がとれなくなります。

眠ったら、翌日、子どもも自然と落ち着くようになるので、工夫して睡眠を確保してあげること。それと、お母さんご自身も15分でもいいのでお昼寝をするとか、睡眠時間を確保してほしいと思います。

「ひきこもりを伴う青年期ＰＤＤ（注：広汎性発達障がい。ＡＳＤのうちの障がいのひとつ）のケースの特徴」というのがあります。研究によると、以下のことがわかりました。

〈ひきこもりを伴う青年期PDDのケースの特徴〉

○乳幼児期：何でもないものをひどく怖がる
普段通りの状況や手順が変わると、混乱する

○青 年 期：恐れを感じる強い刺激

1 新奇場面
2 予想外の出来事
3 言語表出やコミュニケーションの強制
4 叱責や批判が怖い（自分以外のケースも含む）

乳幼児期に、なんでもないものをひどく怖がる、普段どおりの状況や手順が変わると混乱する。こういうのが嫌だと思っていることを理解してあげて、まず嫌なものを取り除いてあげるということがいかに大切か、ということです。

「恐れを感じる強い刺激」、このひとつに新奇場面があるんです。つまり、初めてや

ることが怖い。そんなときに、親や支援者が「大丈夫大丈夫！」なんて無理にやらせたりすると、能力があるのに、つぎからもう新しいことをやらなくなっちゃうということはありませんか？　だから、「やる気スイッチ」を壊さないように育てるというのは、すごく重要だと思います。安心・安全がないと、新しいことには挑戦できない。「安心感の輪」という考え方です（ライブ3　キーワード「安心感の輪」参照）。安心・安全があって、外界の新しいことに挑戦ができるんです。そこのところを理解してあげるというのが大切だと思います。

ＡＤＨＤの場合は、新しいこと大好きなんです。特性上、新しいことがわくわくするタイプと、怖くなるタイプがあります。日常、予想外の出来事がたくさんありますね。ＡＳＤの人の場合、これもストレスになります。だから見通しが重要なんです。急な中止もダメなので、事前に予告が必要です。

「叱責や批判が怖い」。これは誰でも怖いですが、「自分以外のケースも含む」。どういうことかというと、**隣の子が怒られたのも自分が怒られたように感じて、怖くなって学校に行きたくなくなってしまう**ということです。家族内だと、兄弟が怒られているのに自分も怒られているように感じたり、それから両親のケンカや罵倒、暴力を見た場合、自分も怖くなります。自閉系のお子さんはとてもデリケートなので、配慮が必要です。

ハッピーな時間を長くする——アンガーマネジメント

「アンバランスのまま育てる」という発想がもてないと、親はついつい怒鳴ってしまいます。子どもも「なんでできないんだ」という自分に対する怒り、「こういうことになったのは、親が悪い」「学校が悪い」「社会が悪い」という方向への怒り。両方とも残念ながら、幸せにはなれません。

そこで、**そもそも怒る基準が間違っていたのではないか**ということも、考えてみてください。当然やってくれると思ったことをやってもらえなかった。でも、その「当然」はあなただけの「当然」ということはないですか？　そういう価値観を見直すだけでも、怒りはおさまるかもしれません。怒りつづけるか、価値観を変えるかも、皆さんの決断です。

カーっとくる子がダメだというわけじゃないんです。そこには生理学的・心理学的な原因がいろいろとあるので、それを見つけてあげて、ストレス反応なんだなと思う必要があるんです。情報の差が支援の差——怒っている子がいたら、「これはストレス反応だ」と見立てる。決断の差が支援の差——見立てたら、ストレスを減らすようなサポート、たとえばアンガーマネジメントをする。

アンガーマネジメントができる人は、幸せになると思います。怒りは怒りを生むからです。だから、まずは皆さんがマスターして、そのやり方を家族に教えてあげてほしいんです。これも人によって合うやり方が違うので、結局、試行錯誤なんですね。一緒にうまくいく方法を探すというのが重要なんです。

アンガーマネジメントで重要なのは、怒りの下にある本当の気持ちを見つけて伝えることです。まず深呼吸して、自分の本当の気持ちを見つけてみてください。そして、相手の怒りの下にある本当の気持ちに気づくことができると、相手の八つ当たりからくる怒りをまともに受けなくなります。

たとえば、子どもが家で爆発的に怒る。でも原因は思い当たらない。もしかしたら、「学校で嫌なことがあって、その悲しみが怒りの下にあって、八つ当たりしているのかな」と見方を変える。そういうふうに思うと、ちょっと距離を置くことができるんですよね。「ママなんか死ね！」と言われても、理由が他にあるなと思ったら、余裕をもって「ママは言われなくても、たぶん先に死にます……」と冗談を言ったらいいんです。ただ、それで不安になる子には言っちゃダメですけれども（笑）。

こういった試行錯誤もやっていけば、うまくいく確率の高いものになると思うんです。たとえば、深呼吸を例にすれば、生理学的に裏付けられた方法なんですね。脳のなかで感情をコントロールする中枢と呼吸の中枢の場所が近いんです。それで呼吸をゆっくりにすると、感情が安定するといわれています。ただ、これだけではうまくいかないという人ももちろんいます。セロトニンが不足しているという場合もあります。そういう情報も大切ですね。

ダブルバインドでストレス倍増?!

それと、実はお子さんの神経症状を引き出してしまう言葉がけというのがあります。それは、私たちがふつうにやっている一貫性のない対応から生じるダブルバインド（二重拘束）です。

たとえば、ファミレスに行ったとします。お母さんが「好きなもの選んでいいわよ」と言ったとしましょう。それでお子さんが高いステーキを選んだら「それはダメ！」

というのは、矛盾してますよね。「好きなものって言ったのに！」と、ＡＳＤタイプのお子さんなら、まず怒りますよね。

そんな時、大人と子どもの「当然」が違うという気づきが大切です。ＡＳＤのお子さんなど、言葉に表れないメッセージを理解することができないタイプの子は、相手の意図がわからないので、言われたとおりにやったのに怒られるということが多いわけです。ここで怒りのスイッチが入ったり、パニックになるんです。

学校での例を考えてみましょう。教室では先生が「黒板をきれいにふいて」という指示を出したりします。まず、きれいにふかないと怒られますね。それで、きれいになるまで一生懸命ふいていたら、「いつまでやっているんだ！」と、やっても怒られる。これがダブルバインドですね。やらなくても怒られる、やっても怒られる。家でも「早くやりなさいって言ってるでしょ！」と言われて早くやらないと怒られる、それでやり始めると「もういいわよ、ママやるから」と、やっても怒られる。

それでは、どういう指示が適切でしょうか？　言葉をそのまま受け取るお子さんだったら、「きれいになるまでふいて」と言ったら、「当然」きれいになるまで一生懸命やるので、「２往復ふいて」とか「１分間ふいて」とか、わかりやすい指示にしてあげるほうがいいですよね。

つまり、**わかりやすい指示を出すにしても、相手の特性を理解していないと出すことができません**。そうしないと、知らないうちにダブルバインドをつくってしまう。

このお話をしたら、「うちは親子三代でダブルバインドをかけあって、生きてきた家系でした……」と言った方がいました。繰り返してしまっているので、どこかでストップしたいですね……。

本当にダブルバインドというのは、気をつけないとすごく多くなります。相手の意図や、状況がわかるとダブルバインドにならないわけですよ。「黒板きれいになるまでふいてね」と頼まれてずっとふいているときに、「いつまでやってるの」と言われて「あ、そうか」とすぐに止めるタイプのお子さんもいれば、言葉どおりに受け取って「言っていることと違う！　言われたことやってるのに」と、怒りのスイッチオンになってしまう子もいるんですね。だから、その子の特性を理解してわかる指示を出すことが大切なんです。

逆にいうと、**うまくいかなかったときがチャンスなんです。どうやったらうまくいくかなということを考えるので**。そして、それをなるべく繰り返さない。せっかく「うまくいかない」ということに気づいたわけですから。

皆さんが知りたいのは、診断名があってもなくても、具体的に何を変えたらいいかということなんですよね。うまくいく方法を知っているか知らないかというのが、情報の差なんです。言葉がけをちょっと変えるだけでも、だいぶ変わってきます。ためしてみてください

4　何を育てるといいのか――3つの力

3つの子どもにつけてあげたい力

では、どういう力を、どう育てていくのかということなんですが、私自身のことも考えたり、なおかつ成人支援をやっていて見えてきたことをご紹介します。

〈3つの子どもにつけてあげたい力〉

1　レジリエンス（回復力）
2　自分を理解し、SOSを求められる力
3　ストレスマネジメント
☆基本となるのは自分を信じること、相手への信頼感

1　レジリエンス（回復力）

まずは、レジリエンス。これが大切ですね。回復力、へこたれない力でしょうか。失敗しないように育てるのではなく、**「失敗してもいいよ」と言って育てていただきたいんです。**そして、失敗した後処理まで教えてあげる。これが幸せになるために絶対必要です。

たとえば私の場合は、おっちょこちょいなので、「忘れる」ということが日常の前提になっているんです。それで、忘れた場合はどうするかということをセットで考えるんです。驚かずにさっさと処理をする。落とし物の場合も、東京駅ならここに連絡すれば大丈夫、羽田空港ならここというふうに、遺失物の連絡先を把握しています。こ

れも、失敗したあとのことを考えた後処理のひとつですね。

自分を責めたり相手を責めたりしないで、淡々と処理すればいいんです。それができるためには、回復力を育ててあげないといけない。失敗したら落ち込みますが、そこから回復する力を育ててあげる。

これが本当に大切だと思うのは、一回失敗しちゃうと、「やる気スイッチ」が壊れてしまう人がいるからです。すごくもったいないですね。そうなるともう、新しいことにチャレンジできなくなっちゃう。そういう意味でもレジリエンスを育てることが大事なんです。

〈レジリエンスを高めるコツ〉

①失敗や挫折があることを前提とする
②セルフエスティーム（自尊感情）を高める
③プラスの意味づけをする
④感謝する

⑤ソーシャルサポート

①失敗や挫折があることを前提とする：失敗、挫折からの回復力ですが、まず、失敗と挫折とは何か、考えてみましょう。

多くの場合、自分が思っていたこと、希望したこと、目標としていたことができなかった、ということではないですか？　ということは、もともと自分の思っているこ と、希望していることは、思い通りにならないものだ、ということを知っておくと、失敗、挫折からくるダメージは小さくなります。

人生は、本当に思い通りにならないことばかりですよね。そのことに気がついたら、少し楽になったという人は多いでしょう。あなたはどうですか？　お子さんは思い通りに育っていますか？　あなたの仕事は思い通りに進んでいますか？

子どもも仕事も思い通りにはいかないと、はじめに期待値を下げておくと、落胆が少ないということはあると思います。

であれば、子どもにも早い時期から、「人生、思い通りにはいかないよ」と、言葉で

伝えてみてはいかがでしょう？　これを早く知ったほうが、自分や相手を必要以上に責めたりしないと思います。失敗や挫折はある、これを前提として生きていくことが、幸せへの近道かもしれません。

そして、この考え方こそが究極のレジリエンス、回復力のポイントと言えると思います。

②セルフエスティーム（自尊感情）を高める：セルフエスティーム（自尊感情）も、レジリエンスを高めるには有効です。これを高めるために大切なことは、「**失敗する自分を受け入れ、不完全な自分を好きになること**」です。

そのためにも、不完全なわが子を、好きになっていただきたいんです。

私たちも、いずれ不完全になっていくんです。

では、お子さんのセルフエスティームを高めるにはどうしたらいいでしょうか？

アメリカ式のセルフエスティームの高め方は、「ほめる」ということですが、謙遜の文化が根強い日本では、逆に親御さんにストレスを与えることがあります。そこで、日本式セルフエスティームの高め方を考えてみました。

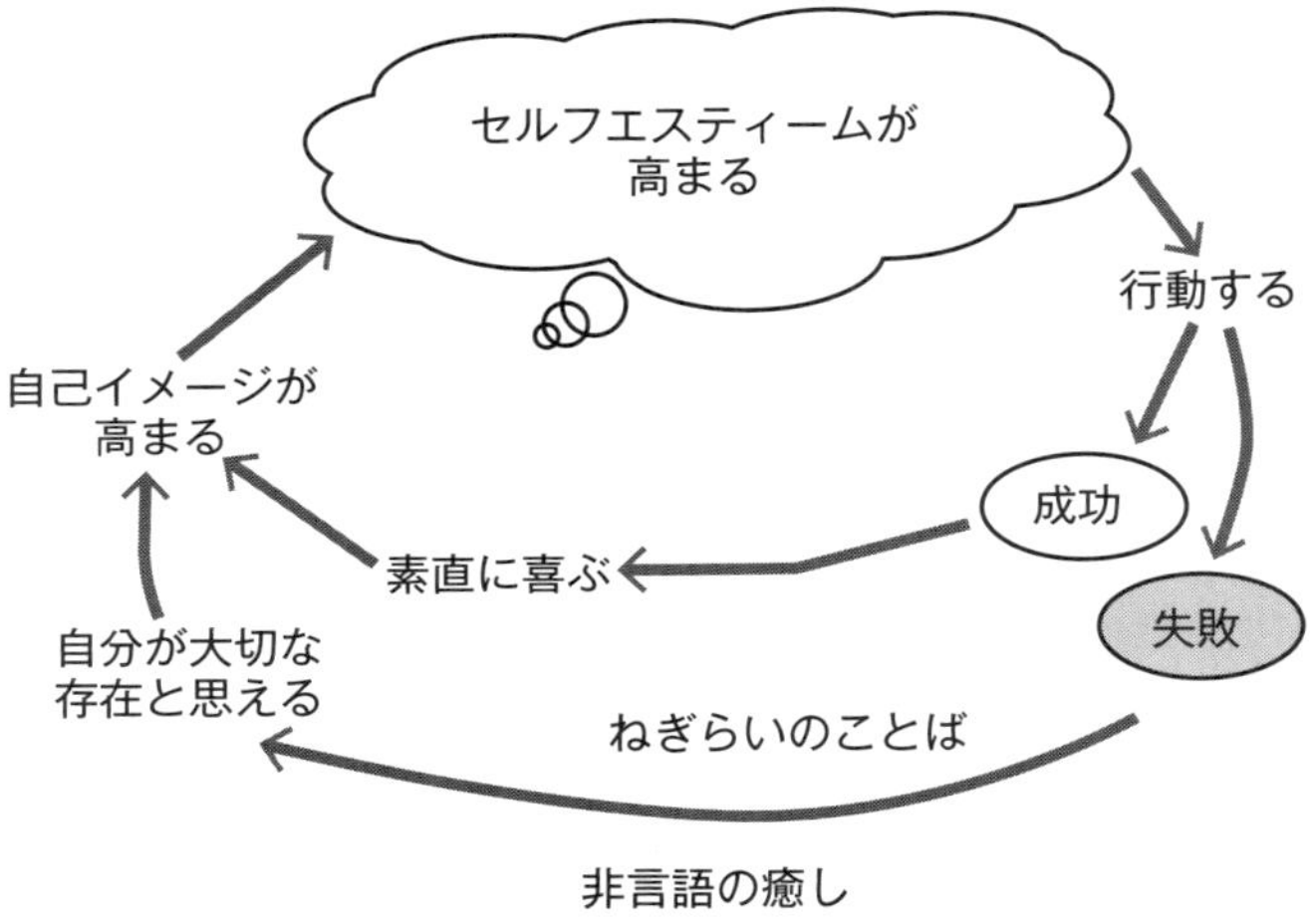

図６　セルフエスティームが高まるサイクル
『育てにくい子に悩む保護者サポートブック』より引用・一部改変

行動して、成功して、感謝されたりしてほめられる。それで自己イメージが高まりセルフエスティームが高まるのはふつうの流れで、これがアメリカ式です。それなら、日本人はほめる文化がないからセルフエスティームが低かったかというと、そうではありません。つらいことがあっても、失敗しても、セルフエスティームを高める方法があります。日本式で失敗してもセルフエスティームが高まるのは、「頑張ったのに残念だったね」といった「ねぎらい」や「共感」があるからだと思います。問題は改善していないけれども、話をじっくり聴いてくれる人がいて、癒されるということはありませんか？そういう人がいると、自分が大切にされていると感じることができて、自分は大切な存在なんだと思える。大切にしてくれる人がいるということで、自己イメージが高まります。

それから、何か失敗したりうまくいかなかったりできないことがあって、そのときにＳＯＳを求めたら、あるいはＳＯＳを求めなくても助けてくれる人がいた。助けてくれるというのは、その人のことを大切だと思っているからなので、そこで自分は大切にされているんだと感じ、セルフエスティームが高まります。もちろん、自分の強みに注目し、「自分はできる！」と信じることも大切です。

③プラスの意味づけをする：過去の出来事は変わりません。でも、その意味合いは変えることができるので、プラスの意味づけをしてください。本書を手に取ってくださった方は、親御さんも支援者の方も、皆さん熱心な方だと思います。だから、ここまで読んでくださって、「ああ、ここは失敗しちゃったな」と思う方がいると思うんです。

でも、過去は変わらないんです。考えても考えなくても変わらないことの一つなんです。ですから、気がつけて良かったと思うのがいいんです。過去にうまくいかなかったことがあったほうが、深く理解することができます。そしてこれが、何かを変えるきっかけになる。ここまでのお話を理解しても、何かを変えなかったら、何も変わらない。でも一つ変えると、いろいろなことが変わってくる。決断の差が支援の差ということですね。

「いままでいろいろ失敗をしてきたからこそ、何をすべきかが見えてきた」

そう思えば、いつでも変わることができます。

皆さんご自身の過去に、プラスの意味づけをして上書きすることが大切です。また、皆さんが変わることで、サポートが必要な子に成功体験をさせてあげて、今からでも過去の嫌なことに上書きしてあげることができます。

④感謝する：レジリエンスは、助けてもらったときに感謝する、何かしてもらったときに「ありがとう」と言うことでも高まります。

ほめることがむずかしいお母さんには、「○○をしてくれて、ありがとう」と言って

ください とお願いしていますが、「ありがとう」という言葉を家庭のなかで増やしていくと、子どもも自然と言うようになるんですね。

そして、「ありがとう」という言葉が生まれる状況というのは、**自分の能力を人のために使って、それによって感謝される**という場面ですから、これが「働く」というところにつながっていきます。人のために行動して、感謝されることを喜ぶ子に育てていく。すると、周囲の人は「また助けてあげたい」と思うようになるんです。

感謝できる子は、実は「助けてもらっているからこれができる」という認識がありますが、自分一人でやっていると思いこんでしまうと、支援がなくなり挫折したときに、ショックが大きくなることがあります。

⑤ソーシャルサポート：ソーシャルサポートというのは地域で支援の力を上げていくということですが、家族以外からもサポートを受けられれば、回復しやすくなります。

キーワードの「安心感の輪」のところでも説明しますが、私たちは何かマイナスの感情が出てきたときに、周囲からのサポートで心が穏やかになるものです。まさに、回復力は周囲からのソーシャルサポートで高まっていきます。

まず情緒的サポート、つまり、励まし、ねぎらい、共感などをしてくれる人がいるかどうかということは、大きな違いになってくるでしょう。ソーシャルサポートには、具体的な問題解決のための情報を提供したり、手伝ったり、金銭的にサポートするということなども含まれます。一人で立ち直るというのはむずかしいことなので、個人的であれ、行政のサポートであれ、SOSを求めたときに親身にサポートしてくれる人がいるということが、とても大切になってきます。

とくに、自分では大失敗と思い込んでいても、客観的に見ると、それほどのものではないということもあるかもしれません。そのような切り替えはなかなか一人ではむずかしいので、周囲の人の丁寧な傾聴やケア、好意的な言葉がけなどがあるといいでしょう。

2　自分を理解し、SOSを求められる力

SOSを求められる子になるのが大切というのは、いろいろなところで繰り返しお話ししていますが、宿題を例にすれば、その子の力をちょっとオーバーするような課

題だったら、まずちょっと手伝ってあげてください。まるまる全部ではなく、少し手伝ってあげる。そうすると、**何かちょっとサポートがあれば、自分はこれができるということに気づく。**成人になったときに、この気づきが重要になってきます。無理して全部自分でやって体を壊しちゃうのではなく、「こういうのは苦手だけれど、そっちは得意なので、得意なほうは2倍やりますから、苦手なほうをサポートしてもらえませんか？」と言えることが、幸せに生きていくには大切です。

うまくいく条件を自分で探していく力、これを育てることが重要なんです。

私たちはみんな、不完全です。そして年をとると、より不完全になっていきます。だから、不完全であるということを受け入れて、うまくいかなくても何があったらうまくいくのかな、ということを教えるほうが、よほど幸せになることができます。「発達障がいは早く受け入れたほうが老後幸せになる」とよく言っているのは、こういうことなんですね。

子育ての目標を、みんなと同じような子にすることから、その子が幸せになるということに変える。そうすると、やるべきことの優先順位が変わってきませんか？

ＳＯＳを求められる子に育てるためには、ＳＯＳを求めてきたときに助けてくれる人がいるという体験が必要です。ですから、子どものSOSのサインを見のがさないというのも大切な親の役目ですね。苦手なことも、ちょっと手伝ってもらえればできる。この自信をつけてあげるのが、子育て、教育、療育の目標の1つだと思います。うまくいく条件を探す。その条件は人によって違う。同じ診断名がついていても違うのです。兄弟でも条件は全然違いますよね。

3 ストレスマネジメント

ストレスマネジメントも大切なところです。簡単なところでは深呼吸ができるようになるだけでもだいぶ違いますが、何より**自分でストレス状態に気づけるようにサポート**しないといけないんですね。これから自分はパニックになりそうだなとか、そういうことに早く気づけるようにすることが、まず大事なんですね。

漢字の練習をして字が書けるようにするよりは、ストレスマネジメントができる子に育てたほうが、将来幸せになれると思いませんか？　「情報の差が支援の差」とお話ししましたが、こういう情報を知っていたら、つぎはやる決断をすること。「決断の差が支援の差」になります。

なぜ決断が大切なのか。パステルゾーンの子だと、なんとなくでも課題をこなせちゃうことがあるんです。だから、なかなか目標を低くするという決断ができない。でも、**実は無理をしていて、具合が悪くなってから特性が明らかになる**ことがあります。

共感が育てる、3つの力

この3つの力が育っていく基となるのが、「自分を信じること」と「相手への信頼感」です。これは何がつくるかというと、自分の本当の気持ちを話したときに、共感して聴いてくれる人の存在なんです。

SOSが出せるということは、それを受け取る人がいるということですが、SOSを受け取るというのは「わからない」と言われたときに、評価しないで「あなたはこれがわからないのね」と、共感してそのまま受け止めるということなんです。

共感の基本は、相手の話に反論せず、アドバイスせず、「あなたの話、聴いてますよ」という気持ちを伝えるためにうなずく。それから、相手の言った言葉を繰り返す、これはとくに感情の部分を繰り返すんですね。「楽しかったね」とか「つらかったね」とか。こうすると、すごく親近感を感じて、だんだんにリラックスするんです。

〈共感のポイント：同感でない時が重要〉
※同感　私の視点＝あなたの視点
0　評価しないで話を聴く
1　あなたの視点で話を聴く（想像力が必要）
2　反論、アドバイスをしないで、うなずく
3　相手の言った言葉の一部（特に感情）を繰りかえす

ポイントは、自分と同じじゃないときにどう共感するかなんですね。まずは評価しないで聴く。「あなたはそういうふうにしたいんですね」と、その人の特性もひっくるめて受け取ってあげる。そこから「こういうやり方もあるんじゃない？」という選択式にする。「そんなやりかたやってるからダメなんです、この前もそうだった」という

「枕詞」が入ると、つぎのアドバイスは伝わらないんです。

たとえば、私はピーマン好きだけれど、あなたはピーマンが嫌いというときに、「あなたはピーマンが嫌いなのね」と言ってあげることなんです。二人とも嫌いだったら簡単なんです。「私もよ、嫌だよね」って。違うときに「あなたはピーマンが嫌いなのね」と言ってあげること。私は宿題をやらせたいけど「あなたは宿題やりたくないのね」というふうに言ってあげることなんですよね。

違うときに共感する――そのためにはまず、評価しないで話を聴くということが大切になってくるんです。良い、悪い、じゃなくて、宿題をやりたくないということを受け止めましたよ、というメッセージを伝える。「やりたくないんだね」と言ってあげる。場合によっては、共感してもらってうれしいと思うと、お子さんが自分から「でもやらなきゃいけないんだよね」と言う場合もあるんですよ。やれやれ、というと反発するけどね。

私たちは相手が同じだと、安心するんです。相手が同じじゃないと不安になるし、同じにしたくなるんですね。だから、皆さんがグループで何かするのが大好きだと、子どもが集団に入れない場合、集団に入れたいと思うかもしれませんが、もしかするとお子さんは、一人のほうが落ち着くタイプかもしれないんですね。これも同じで、まずはそのまま「そうなんだね」と受け止めてあげましょう。

それから、皆さん日常で怒りを感じることがあると思います。その**怒りの下に、他の気持ちがあり、その本当の気持ちを聴いてもらえると、とても幸せ**なんですよね。

たとえば、子どもが急にいなくなっちゃった。それでノコノコ帰ってきたら、「どこに行ってたの！」って怒りますよね。でもその下にある、皆さんの本当の気持ちはなんですか？　怒りですか？　本当は怒り100％じゃないはずなんです。

下にある気持ちは「心配」なんですよね。だから、そのことを伝えましょう。わかるお子さんなら「急にいなくなっちゃったから、ママ心配したよ」と一言いったら、「ごめんね」って言うかもしれません。あるいは誰か友達とかに、「子どもがいつも急にいなくなっちゃってすごく不安なんです」と相談できて、「それは不安ですね」と言ってもらえたら、それだけでほっこりくるということがありますよね。

でも、怒りにまかせて、うっかりひどいこと、言っちゃうことはありますよね。私たち自身がひどいこと言われて育ってきてしまっていますから。だから、ポロっと言われた言葉が出ちゃったりするんです。でもとにかく、言ってしまったことには早めに気がついて、「上書き」してあげるということができるといいと思います。

大丈夫です、すぐ上書きすれば大丈夫なんです。

そのときに「ごめんね、思ってもないこと言っちゃった。ママも忙しかったからね」「イライラしてたの。あなたのことは嫌いじゃないよ、好きだよ」っていうふうに、上書きすればいいんです。この、上書きは早いほうがいいんです。

ただ、なにげなく言った言葉が、すごく怖いというお子さんもいるわけなんです。ポイントは、すぐ忘れるか、よく覚えているか、どちらのタイプか、このチェックが必要です。一晩寝たら、忘れる子もいるんです。それから、上書きがスムーズなお子さんもいます。「今日の晩ご飯は、〇〇ちゃんの大好きなカレーだよ」といったら、「わあ、うれしい！」と、それで切り替えできる子もいます。

一方、記憶力がよくて「10年前にママにこんなこと言われた」とずっと覚えているタイプの子もいるんですよね。ですから、そういう特性を理解するということが大切で、すごくデリケートで記憶力がいいタイプのお子さんは、とくに気をつけて叱ったほうがいいですね。

5　診断名がつくということ

診断名をプラスにとらえるために

お母様のなかには、診断名がつくのが嫌で、相談ができない方もいらっしゃるんです。「自分の子は障がい児じゃない」と信じたいですよね、そのうちよくなるって信じたいですよね。

それは、日本は発達障がいもふくめた障がいのイメージが悪すぎるからなんです。たとえば、「うちの子、花粉症です」というのに、何か抵抗を感じますか？　感じませんよね。

でも「うちの子、ＡＳＤなんです」って、なかなか言えないということはありますよね。「うちの子、近眼なんです」というのは抵抗を感じないのに、「うちの子、ＡＤＨＤって、カミングアウトしたほうがいいのかしら……」。この差はどこにあるんでしょうか？

だから、すごく大切なのは環境です。「障がいがあるからあの人ダメ」とか、「障がいをもった子を生んだからあのママはダメ」とか、そういう周りの意識から変えるということをやらないと、親が追いつめられて、頑張ってトレーニングをさせたいと思っちゃうんですね。「だって、うちの子は障がい児じゃないから」と。

それで、課題がその子に合ってない場合でも、合ってないと思いながらも、「これを続けることが子どもの幸せのために大切」と思っちゃったとしたら、それは親の責任というよりは、やはり日本の文化の責任というか、教育者の考え方のせいというか、そこなのかなと思うんですよね。

診断名がついて、とてもいいこともあるんです。

それはたとえば、いろいろなことができなくて、「もっと厳しくしつけをしたらこの子はできるのではないか」と、たたいたり怒鳴ったりして、厳しくしつけをしていた。そこで「もしかして私って、虐待している?」と、とても心配になった。そういうときに、ADHDという情報を知って、「うちの子これかもしれない」と思って病院に行って診断名がついて、「誰も悪くありませんよ」とドクターが言ってくれるわけですよね。「ADHDという、いろいろな機能がちょっとうまく回転しない、そういうお子さんなんですよ。子育ていままで大変だったんじゃないんですか？　今度は特徴を知って、うまくいく条件を探すことを一緒にやっていきましょうね」と言われる。「多動・不注意・衝動性があるのは、私のしつけが足りないせいだ」という思い込みから解放されるということもあるわけです。

また、診断がつくことによって、何が苦手か明確にわかる。そうすると、「あ、無理させなくていいんだ」ということにもなるわけですよね。ですから、診断名がつくことによって、虐待がなくなったというケースもあるんです。それから、自分の子育てのせいだと自分を責めていた親に対しては、「あなたのせいじゃないですよ」というふうに言われたら、それはそれでうれしいと思う方もいるんですね。受け取り方はいろいろです。

何よりまず、皆さん自身を大事に

それからこれは、発達にアンバランスがあるお子さんに限りませんが、親でなくても、誰かかわいがってくれる人がいたら、うまくいくんです。親だとなかなかむずかしいこともあると思うので、他の人にほめてもらって喜ぶ子に育てる。

「ほめるのが苦手」というママもいると思います。そうしたらママが無理にほめなくてもいいんです。誰か代わりにほめてくれる人が地域にいて、ほめてくれたらそこで謙遜しない。「絵が上手ね」と言われたら、「絵は上手なんですけど字が書けないんです」といちいち言わない（笑）。「ありがとうございます」と言って、「ほめられてよかったね」と子どもに言ってあげたらそれでOK。日本の場合、ポイントになるのは、謙遜しないというところですね。ぜひやってみてください。

お母さんが「ほめられてよかったね」と共感してあげたら、それだけで他の人にほめられてもうれしいことだと思えるようになるので、ママが頑張ってほめなくても、ほめてくれる人を増やせばいいんですね。人間は快を感じる行動を繰り返すので、ほめればその行動を繰り返すようになります。

だけれど、ほめるというのはなかなかむずかしいんですね。だからそういうときはほめる代わりに、「ありがとう」と言うのがいいと思います。実は「ほめる弊害」もあります。ほめられるために頑張りすぎて失敗した時、かくしたり、時には自信過剰になったりする子もいます。その点**「ありがとう」には副作用がありません。**

できることでお手伝いして「ありがとう」と言われることは、人のために何かをしたということです。「ありがとう」と言われてうれしいと思える子に育てるのがとてもいいと思います。それが自立にもつながるんです。

あなたが幸せになるために、何をしたいか。
あなたが大切な人が幸せになるために、何をしたいか。

お子さんやパートナー、親御さんが幸せになるために、行動をちょっとだけ変えてみてください。大切なのは、相手が「愛されている」と感じることです。

でも、ママもパパも疲れている、頑張りすぎるくらい、頑張っていますよね。

だから、一人で頑張らないでください。

まず自分のために、自分を大切にする。皆さんが落ち着くとお子さんも安定しますよね、家族も安定しますよね。罪悪感を感じずに、お昼寝してください。皆さんがリラックスして、その分お子さんに安心・安全を与える、愛情をかけてあげる時間が増えれば、いい感じですよね。

◎【安心感の輪】

アタッチメントは、スキンシップによって母親から安心感を得ることだけが目的ではありません。安心したら、また好奇心をもって外界に出る。そして、また失敗したら安全基地に戻るというこのサイクル、つまり「安心感の輪」が大切なのです。子どもにとって特定の大人、通常は母親ですが、母親以外でも父親、祖父母や支援者が安全基地になります。

安全基地という確実な避難場所があるということを体感できた子どもたちは、何かの危機があればそこへSOSを求め、抱っこなどのスキンシップやマイナスの感情に共感してもらったりして、心のエネルギーを充電できると、また外界へ飛び立つことができるのです。

しかし、親と一体化して分離できない状態を続けてしまうと、不登校や引きこもりの可能性が出てきます。「安心感の輪」をイメージし、過保護や過干渉は可能な限り減らし、子どもが一人でやることを見守る、一人でできるように手伝うなど、外界に一人で出るという支援も重要なのです。

受験に失敗、職場で失敗、結婚生活で失敗など、ライフステージでのいろいろなトラブルのときにも、安全基地、確実な避難場所がやはり必要です。不安や自立の度合いは個人差があり、成人になっても安全基地にいる時間が長いということがあります。母親だけがその役割を担うと疲弊してしまいますので、多くの安全基地を持つということが大切です。

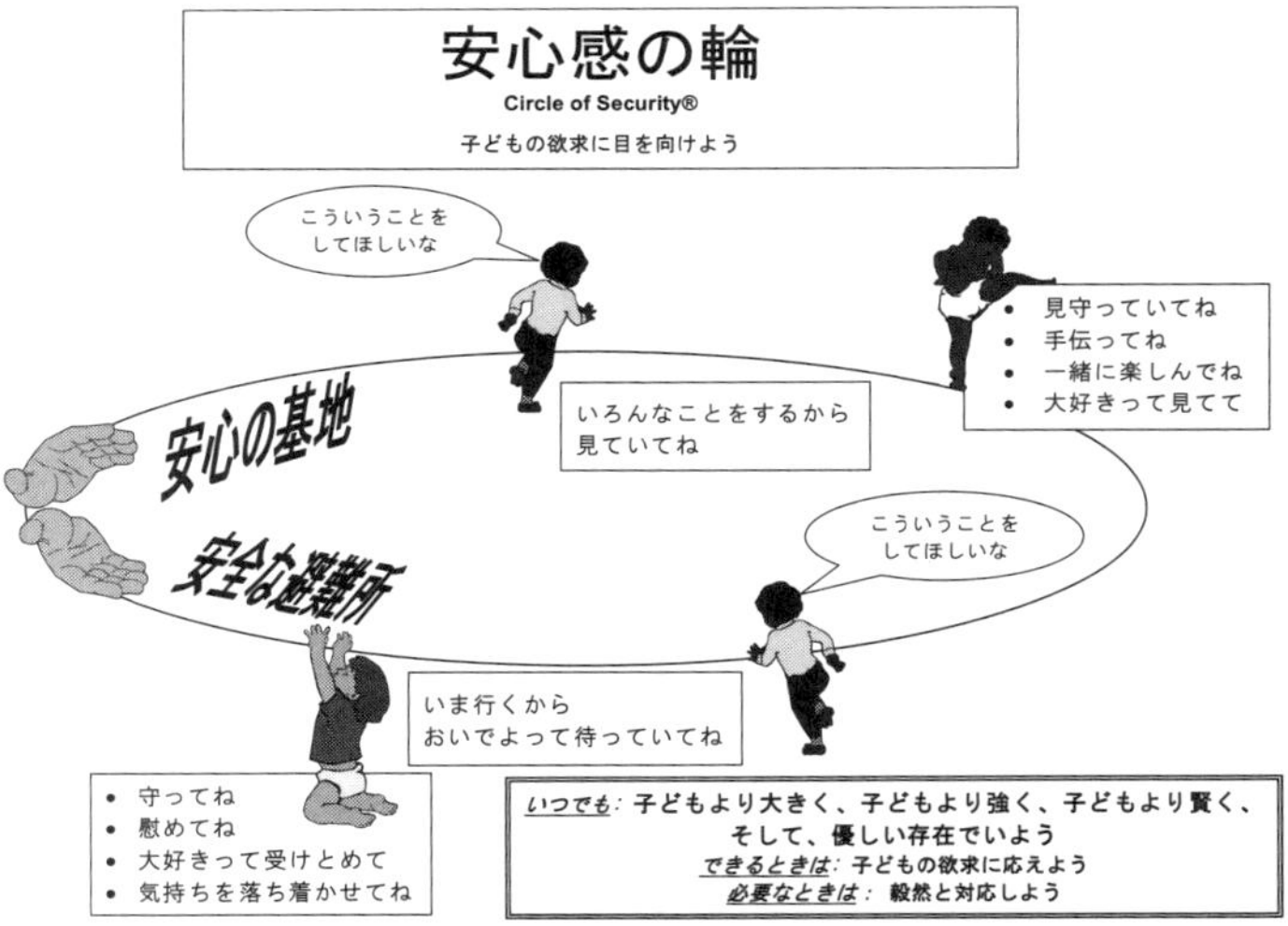

図7　安心感の輪

Web page: Circleofsecurity. org © 2000 Cooper, Hoffman, Marvin & Powell
(北川・安藤・岩本訳、2013)

【4つの行動の分類】

お子さんが指示通りに行動しないとき、4つの行動に分類して、うまくいく指示に変えてみましょう。そうすれば幸せになる時間が長くなり、親御さんのストレスも減っていきます。

① 指示が「聞こえていない」ということがあります。いろいろな特性が原因にありますが、言うことを聞いてくれないときは、お子さんには聞こえていないことがほとんどです。聞こえていなかったら、怒鳴っても疲れてしまいますね。

② 「うっかり」忘れちゃう子もいます。「何回言ってもわからない子ね」と怒らず、指示をカードに書いてあげる。やってほしくないことは「ダメ」と言わない。ダメと言われるとやりたくなりますよね。「走っちゃダメ」ではなくて、「歩きましょう」と言い換えましょう。

③ 「それやって」など、指示が省略されていたり、あるいは指示の言葉の意味がわからないこともあります。やることを具体的に言ってあげるといいです。

④ なかには「わざと」言うことを聞かない子もいます。こういう子も悪い子じゃありません。ママのことが好きなんだけれど、きょうだいに取られちゃってる。下の子が生まれたときに、赤ちゃんがえりしているということもありますよね。いっぱいハグしてあげたり、いっぱい遊んであげると、落ち着いてきます。

図８　４つの行動分類
えじそんくらぶリーフレット
『子育てのストレスを減らす３つのヒント』より

Q：我慢の練習はしなくてもいいのですか？

安全の欲求を満たすことが大切ということはよくわかりました。でも、何かを嫌がったとき、どこまでそれを取り除いてあげたら良いのでしょうか？　我慢の練習はしなくても良いのでしょうか？

A：ストレスを取り、安全が確保されてからトレーニングしましょう

これは親御さんとしては、とても悩まれるところですよね。「我慢させる」というよりは、まずはお子さんのストレスはないか、安全が満たされているか、確認しましょう。その後、実力＋1の課題から、徐々にトレーニングをしていくと考えてみてください。

具体的な方法としては、たとえば食事のときに「サラダを食べたら、プリンを食べようね」

とか、「二つあるトマトのうち、一つ食べたら後は食べなくても良いよ」というような方法で、無理のない範囲でやる気スイッチを入れると良いでしょう。あるお母様は、「半分食べれば、あと半分は食べなくていい」という条件で、食べてほしい量の倍の量を最初から用意して、目標の量を食べてもらうのに成功したそうです。

それから、本人のやる気が出るのを待つのも大切です。公園で遊ぶのに、はじめは無理に子どもを集団に入れさせていたママが、嫌そうな子どもの様子を見て、「嫌だったら一人で遊んでもいいのよ」と言ってあげたんですが、そのあと時間が経ってから見にいったら、自然とお友達と一緒に遊んでいたのでびっくりしたそうです。「無理にやらせない、見守るって大事と感じました」とおっしゃっていました。

これは、「安心感の輪」にも関係していますね。やみくもに頑張らせるのではなく、うまくいく方法で子育てすると楽ですよ。

Q：外で走り回る子に怒ってしまいます

アンガーマネジメントを習いましたが、子どもがスーパーなどで走り回ったときに、６秒間我慢して深呼吸という方法がうまくできず怒ってしまいました。どうしたらいいでしょうか？

A：怒りの原因は？お子さんはルールをわかっているでしょうか？

いきなりお子さんが走ったら、お母様としては周囲の方々の視線もありますので、「６秒待って」ということは確かに難しいですよね。残念ながら一つのアンガーマネジメントの方法で、いつもうまくいくとは限りません。

この場合はまず、お子さんの行動特性を理解するための、４つの行動の分類がヒントになるでしょう。

お子さんが走り回ったときにお母さんが怒ってしまったのは、なぜでしょうか？　そこには、「（お子さんが）走ったらいけないとわかっているのに走った」という思いがあるかもしれません。「わかっているのにやらない」と思うと怒りのスイッチが入りますが、お子さんがルールを知らない、走ったらあぶないことがわからないなら、わかるように伝えることが大切ですよね。そう理解すれば、怒りのスイッチがすぐには入らなくなります。このように、「実はわかっていないんだ」ということならば、わかるようにサポートすればいいのです。これは、日常のいろいろなことに応用ができると思いますよ。

お子さんに、スーパーで走り回ると滑ったり、人にぶつかったりして危ないとか、迷子になってしまって困るとか、「スーパーでは走らない」というルールの意味を理解できているか、確認してみましょう。理解できていなければ、教えたほうがいいですし、スーパーに入る前に、そのことを確認しておくとよりいいですね。

ライブ4

発達障がいのあるパートナーと暮らすあなたへ

1　カサンドラ症候群とは

私のところに相談に来た方のケースで、こういうのがありました。

ご夫婦で相談に来た方で、奥様が「離婚する！」と言い、旦那さまのほうは「何か妻が怒っているけど、まったくわからない……」というので、カップルセラピーをしました。奥様のほうは「愛情が感じられないんです！　私が苦しい時に、共感もしてくれない人とは一緒に暮らせません！」とおっしゃるので、どんなことで怒り心頭に発したのかと聴いたところ、こんな話が出てきました。

「高熱があってつらい状態で寝ていて『ご飯できない』と言ったら、夫が『もう6時だからご飯にしろ』と言ったんです。食事の時間がちょっとでもずれると怒るんです。私はこんな状態で寝ているのに……そんなこと言うなんて。それも一度じゃないんです！　私のこと愛していないと思うので、離婚したいです」

ということだったんですが、このご夫婦の問題には、いったいどんな背景があったのか、カサンドラ症候群という概念を使いながらお話ししていきたいと思います。

皆さん、「カサンドラ」という言葉は聞いたことがありますか？　ギリシャ神話の太陽神アポロンの妻の名前です。

マキシン・アストン博士が２００３年に、対外的には問題がない夫で、妻が非常に苦しむいろんなケースをみてきて、アポロンとカサンドラのような夫婦関係になることから「カサンドラ症候群」というふうに名前をつけました。

「カサンドラ情動剥奪障がい」という場合もありますが、通称は「カサンドラ症候群」といいます。ただこれは、正式な診断名ではありません。

では、「カサンドラ症候群」というのはどういう感じなのでしょう。いちばんのトラブルは、ご夫婦でコミュニケーションがうまくいかないということなんです。

これは、主に「自閉症スペクトラム障がい（ASD。アスペルガー症候群もここに含まれる）」の特徴によるものですが、ASDの人には、コミュニケーション障がいがあるので、本当に夫婦で会話のすれちがいが多いんです。**会話が一方的で、互いに理解し合えないことから、相手が精神的・身体的に苦痛を感じ、体に不調が起こる状態の総称が、カサンドラ症候群**です。

カサンドラ症候群の定義

では、具体的にどういう症状があらわれるか。まず不安、怒りなどのマイナスの感情が両者で多くなってきて、とくに夫が——やっぱり男性のほうにＡＳＤの方が多いので——「こんなこともできないのか」って、結構平気で人格を傷つけるような言葉を言っちゃうことがあるんですよね。それで奥様は「ああ、自分は本当にダメなんだ」と思って、セルフエスティーム（自尊感情）が低下するとか、適応障がいとか抑うつになる。理解者がいないと、本当につらい状態が続くんです。そして、ストレス性の不眠症とか頭痛とか、胃腸障がいが起きます。

〈カサンドラ症候群とは〉
コミュニケーションがうまくいかず（主にＡＳＤの特性による）互いに理解し合えないことから、相手が精神的・身体的苦痛を感じ、身体化現象などが起こる状態。両者が精神的にも物理的にも距離をおけず、自責・他責の悪循環から抜け出せず、悪化する。

・不安、怒りなどのマイナスの感情
・適応障がい、抑うつ状態
・セルフエスティーム（自尊感情）の低下
・ストレス性の不眠症、頭痛、胃腸の不調　など

今はまだ、主訴として「自分はカサンドラ症候群だと思います」というふうに相談に行く人は、なかなか少ないと思うんです。不安が強いんです、やる気が出ないんです、自分は本当にダメだなと思っちゃって眠れないんです、頭が痛いんです、胃腸が悪いんですなど、まず具体的にそういう症状で相談に行くことになると思います。おもに夫がＡＳＤという場合のお話をしていますが、まれに逆のパターンもあるんです。妻がＡＳＤで、夫がそのような状態になっているという方も、まれにはいるんですね。だから、定義としては、

●コミュニケーションがうまくいかなくて、お互いに理解し合えない。距離感をとれないことで、相手が精神的・身体的苦痛を感じて、身体化現象、不眠症、頭痛、

胃腸などの不調が起きる

ということになるかと思います。

もう、ＡＳＤのことはご存じの方が多いと思うんですけれども（約１％の人がＡＳＤの特徴をもつといわれていますが）、ＡＳＤのある人の基本的な特徴について、なぜそれによってカサンドラ症候群になるのかを、その対処法を理解するために、あらためて順番にみていきたいと思います。

「素晴らしいご主人じゃないの！」と言われるのがつらい

その前に、**なぜカサンドラがつらいかというと、パートナーが「対外的には問題がない」ように見えるから**なんです。エリートだったり、すごく地位のある仕事についていたり、法人の代表をやっていたり、社長さんをやっていたり、国家公務員とか、大学教授、弁護士……本当にいろいろあります。すごく社会的には問題がないように見えるパートナーなんです。

ですから、奥様が「うちの夫は家ではもうひどいのよ」と愚痴をこぼしたとき、共感してもらえないんですよ。ここが一番つらいと思うんですね。「そんなことないじゃない、エリートじゃないの！　いい大学出て一流企業に就職して。それはあなたのわがままなんじゃないの？」と逆にさとされるような……そこがつらいんです。

だから「毎日『こんなこともできないの？』と言われてつらいの」っていうふうに誰かから言われたとき、「ああ、そういうことがあるの、外ではそういうふうに見えないけど、大変ね」と言って、気持ちをくんでくれる人が一人でもいたら、カサンドラ症候群にはなりにくいんですよね。

これは診断名っていうよりは、「状態像」に対してこういっているので、明確な診断基準があるわけではないんですね。ただ、便宜上、「カサンドラ症候群」というカテゴリーをつくっておくことによって、「自分が悪いんじゃない」ということがわかれば、うつなどにはなりにくいと思うんです。

つまり、夫から暴言や、よくわからない会話のパターン——いろいろこれからご紹介しますけど——だったり、そういう場面で、「全部自分が悪いんじゃないか」と妻は思っちゃうんですよ。対外的には優秀な人だから、奥様が「全部自分が悪い」と勘違いしちゃうんです。そこから体調が悪くなってしまうので、そうじゃなくて、「カサンドラ症候群というのがあるんですよ」とお伝えすることによって、自責をへらして、その方の自尊感情を回復してほしいなと思うんですよね。私が悪いんじゃなくて「私、カサンドラなの」って、そうすると、ちょっとおしゃれな感じ？（笑）。イメージが大切！

ですから、カサンドラ症候群の特徴をみんなが知っているという状態になれば、たとえば、どこかで「うちの夫は外では『素晴らしい』と言われるんだけど、家ではまったく共感してくれなくて、こだわりが強くて大変なの」とうちあけたときに、聞いた人は「それは大変ね」と言ってくれると思うんですよ。

学校の先生とか、相談員さんとか、民生委員さんにも是非知っていただきたいです。このことを知らない民生委員さんが、ちょっとどこかの奥様が「つらいんです」と言ったときに、「素晴らしいご主人じゃないの！」と言ったら、ますますつらくなってしまいます。民生委員さんたちは上の年代の方とネットワークをもっているので、祖父母の年代の方にカサンドラというキーワードを伝えてもらうことによって、お嫁さんを責めないということになったら、楽になると思います。

2　パートナーにＡＳＤがあると、ナゾがたくさん

ＡＳＤの人の特徴と家庭での行動

カサンドラ症候群があると、離婚が多いんです。でも、これはカサンドラ症候群なんだということを早く知ったら、「もう少し工夫できそうだから、頑張ってみようかな」と思う人もなかにはいるんです。たいがいカサンドラ症候群の人は、一度や二度は離婚を考えるようです。もちろん離婚が１００％悪いわけではありません。

〈ＡＳＤの人の特徴〉
1　興味の限定、こだわり
2　想像力の欠如
3　共感性の欠如

4　社会性の欠如
5　コミュニケーションの問題
6　感覚過敏

1　興味の限定、こだわり「俺はプラモデルのほうがいい」

まず、ＡＳＤのある人の特徴の何が相手の人に負担を与えるかというと、「興味の限定、こだわり」です。これがちょっと、ハンパではない……自身の趣味が優先順位のトップにくるんです。ですから、お金をそこにかけて、生活費をくれないという状態になることがあるんです。それから自分優先なので、たとえば「家族旅行に行こう」っていうことになっても、「行きたくない」と言って部屋にひきこもってプラモデルを作るとか、そういうこともあります。

ただ、悪気があるわけではないんです。悪い方ではないんですが、優先順位が違うので「家族をないがしろにしている」「私をないがしろにしている」と、奥様が勘違いしやすいんです。新婚当時から、第一番が奥様ではなく、自分の興味なんです。結婚してもそれは変わらない……ちょっと出かけてくるからと好きなところに行って、虫の観察をしてたとか、そういう方もいらっしゃるようです。ＡＳＤのお子さんがそのまま大きくなった感じ。興味の対象は、ゲーム、ギャンブル、ネットにいってしまう方もいるんですが、そうなると別の問題も出てきます。

2　想像力の欠如「どうして具合が悪いの？」

つぎに、「想像力の欠如」。ＡＳＤの特徴としてよく紹介されますが、日常生活で想像力の欠如があったら、とっても大変です。日本人はとくに本音を言葉に出さないから、ＡＳＤのある人にはこちらの気持ちを感じてもらえないということなんです。だから、相手の気持ちを思いやる、共感が自然にできないことが多いです。

でも、**パートナーに診断名がついていなくても、こういうＡＳＤの特徴があると知っておくだけで、この人が悪いわけじゃない、私は愛されていないわけじゃない、ということに気がつけば、いい精神的距離をとれる**ことがあります。

3　**共感性の欠如「言ってくれないとわからない」**

多くの女性は愛する人に共感されたいんですよね。その相手に、「共感性の欠如」があるというのは、致命的になりやすいです。感情は言葉にしないことが多いので、阿吽の呼吸、以心伝心は、残念ながらむずかしいです……言わなければわからない、逆に、言えばわかるというコミュニケーションの特性があるというのがわかれば、「なんだ、**悪い人じゃない、わからないだけ**だ」となるわけです。これはすごく大切なことだと思います。

4　**社会性の欠如「悪気はなかったんだけど……」**

それから、すべての特性を網羅したような、最終的なところで「社会性の欠如」となるんですが、やはり集団活動があまり好きじゃない人が多いです。とくに、雑談、おしゃべりが好きじゃない。そういう場にいること自体がストレスという方も多いです。会議とか、話す内容が明確なグループの話し合いは、大丈夫だったりするんです。心の交流にポイントを置いたおしゃべりが、ちょっと苦手で、生産性のない無駄な時間と考えたりします。それで一人で時事問題のこととかしゃべっちゃったりして、ちょっと浮いちゃうかもしれないです。

5　コミュニケーションの問題「本当のこと言ってなぜ悪いのか！」

これはみなさんよくご存じだと思いますが、コミュニケーションには大きく分けて2パターンあります。言語によるコミュニケーションと、非言語のコミュニケーションです。「言葉を言葉どおりに受け取る」というのがＡＳＤの特徴ですが、たとえば「本音と建て前」というとき、本音はどちらにふくまれることが多いでしょうか？　そうです、本音は非言語がほとんどですね。

「いいわよ！」と明るく言うのと、「いいわよ……」と低いテンションで言うのとでは、意味が違っていて、後者は「よくない」なんです。このニュアンスの違いがわからない。でも「『いいわよ』って言ったじゃないか、だからいいんだよな」という話になってくるので、本心を言語化してはっきり言いましょう。ＡＳＤの方は、察するということがむずかしいんです。

「察する」というのは、非言語でコミュニケーションをするということですね。こういうのが上手な人は、「気が利く人」と言われます。何も言っていなくても、察して動く。これを日本の社会では当然とするので、苦手だとつらい人が出てくるんです。

6 感覚過敏「こんなもの食えるか！」

それから、生活の中で問題になってくるのが、「感覚過敏」です。お子さんの感覚過敏のことをご存じの方はいらっしゃると思いますが、成人でも不快感を主張するのですごく大変なんです。自分が感じていることは、みんな同じように感じていると思っている。だから自分が好きならみんな好き、自分が嫌いならみんな嫌いと信じています。さらに相手の気持ちがわからないという「想像力の欠如」が合わさって、自分と違う感覚や感情をもっているということがわからないんです。

大変なのは、食べるものが限定されてしまう時です。においと舌ざわりなどが嫌で、一度「僕は食べない」と言ったものを出すと、すごく怒ったりします。

他に触られることもそうですが、シャワーが嫌いな人もいます。「お風呂に入って」と言っても、シャワーがいやだというのが大人になってもあるんです。肌ざわりの過敏さのため、こだわりの靴下というのもあったりするので、同じものを何足も買っておかないといけなかったりします。

生理的なことはお互いに我慢できないので、パートナーの嫌なことを受け止めて「ま、いっか」としておかないと、トラブルが大きくなります。だから、多くの人がASDの特徴を早く知ることが大切なんです。

音が嫌な場合、子どもの泣き声がダメなことがあります。泣き声が苦手だと、「なんで泣かせてるんだ!」とすごくパートナーを責めることがあるんです。それから子どもに「なんで泣いてるんだ!」と怒るんです。小さい子になんで泣いてるんだと言ってもしかたないのに、それがわからない。

こうしたASDの特徴の程度はグラデーションになっていて、「顔の表情で感情がわかるのはエスパーですか」という人と、非言語の意味がちょっとわかるマイルドな人と、診断名がつかない人と、さまざまです。だから、突き抜けていろいろな特徴がある人はすぐASDとわかるんですが、突き抜けていないマイルドなタイプが、「なんなのこの人……?」となっちゃうんです。そこは子どもの対応と同じで、パートナーがパステルゾーンの方だと対応も大変になってきます。

何がカサンドラを引き起こしているのか

それでは、いったいどういう特徴がカサンドラを引き起こしているのか。これは、**その方の特性なので、決して性格とか人格の問題ではないということを、まずわかってあげてください。**

〈カサンドラ症候群を引き起こすASDの特徴〉

1 シングルフォーカス（ひとつのことで頭がいっぱいになる）
2 融通がきかない（言葉をそのとおりのまま受け取る）
3 相手の感情や状況がわからない（気持ちや空気が読めない）
4 感情より合理性を重視する（ルールが大事）
5 比喩や冗談が伝わりにくい（たとえ話は通じない）
6 におい、音、接触などにデリケート（人より感覚がするどい）
7 本当のことをダイレクトに言いすぎる（オブラートに包めない）

☆性格・人格が悪いわけではありません！

まず、「シングルフォーカス」。ひとつのことに熱中してしまうので、仕事をしているときに「ちょっと手伝って」と頼んでも、「できない！」と断られてしまう。それはそれで長所ですが、時と場合によります。なかなか優先順位を変えられないんです。台風が来たから仕事に行かなくてもいいので、家事を手伝ってほしい、状況が変わったからちょっと優先順位を変えてほしいな、というのもわからなかったりします。

「融通がきかない」というのは、言ったことをそのまま受け取って、例外処理ができないということです。「必ずやる」と言って中止になるのは、事情があっても通じない。「『必ずやる』と言ったじゃないか」ということになるので、「10％くらいはダメかも」とか、事前に伝えた方がいいですね。

きっちりやるのが好きな方と、おおまかな方と、それがご夫婦凸凹でいい感じのバランスをとれることもあるんですが、ここがずれてしまうと、「時間どおりにできないじゃないか」とパートナーや子どもが叱られてしまう。いろいろな事情をわかってくれない、こっちも時間どおりにやりたいけれど、いろいろやることがあるのをわかってくれなくてつらい、ということになってしまうんです。

そういう、「相手の感情や状況がわからない」ところに想像力、共感性、社会性の欠如、すべてが入ってくるんです。

それから、比喩や冗談がわからない。ちょっと軽く言っても血相を変えて怒ったり、テレビに対して怒ってる人もいます。テレビだから、お笑いだからと言っても「こういう言い方はけしからん！」と。

そして、「本当のことをダイレクトに言いすぎる」。多くのＡＳＤの方が「事実なのになんで言っちゃいけないの？」と言うんです。事実なら何でも言っていいという発想なんです。異文化理解ですから、その考え方がまったくわからないという人もいるかもしれませんが、「違う」ということは、「良い」「悪い」じゃないんですね。そこはすごく重要なんです。性格や人格が悪いというわけではないんです。なかには意図的にやっている人もいるかもしれませんけれども、二次障がいがないタイプの人はすごく素直な感じで、いい人なんです。

たとえばレディファースト。すごく上手にできるんですよ。ルールがある場合にルールどおりにやるというのはすごく上手なんです。一般の日本の男性は「照れくさくてそんなことできるか」っていう人が多いですが、レディファーストというルールを頭に入れると、上手に椅子を引いたりコートを着せたり、妻になる方はデートのときはすごい幸せだったのに、結婚したら「何これ、世界が違った」という（笑）。

とにかく、独特なルールがあるんですが、皆様にお子様がいてＡＳＤタイプなら、早めにレディファーストを教えてあげるといいと思います。「これはルールだから」というと、すごくしっかりできるようになるんです。それだけでお母様ほめられますから、しつけがいいと。ただ、いま、いろいろな方がいらっしゃいますので、「あなたは女性ですか」って確認するタイプの子だと、「わからないときは女性だと思っておきましょう」って、そこまで言っておいた方がいい子もいますね（笑）。

そういうわけで、特性というのはグラデーションなんです。だんだんにマイルドになっていく方もいるし、きつくなっていく方もいる。いろいろなんですね。もともとのタイプがさまざまなので、お子様の対応と同じで、臨機応変が大事です。

カサンドラ症候群になりやすいのは……

そうしたら、「ＡＳＤのパートナーをもっていたら、みんなカサンドラになってしまうんですか？」疑問が出てきます。コミュニケーションがうまくいかなくてお互いに理解し合えないけれど、カサンドラ症候群にならない人もいるんですね。どういう人がなるかというと、共感力の高い優しい方、いい妻がカサンドラ症候群になりやすいんですね。

そして、ここがポイントで、「言わなくてもわかるでしょ！」と怒る方も、カサンドラ症候群になりやすいです。言わないとわからないんです。「言ったら傷つくんじゃないか」と心配になるかもしれませんが、ちゃんと言ったほうがいいです。気を遣うタイプの方は、相手を傷つけないように「そのうち気がつくんじゃないかしら」と思って待って、離婚までいってしまうので、早めに思っていることを言ったほうがいいですね。

それで、冒頭のケースの奥様はどうなったかというと、パートナーの方のほうにもお話を聴いて、どうもＡＳＤの方のようで、奥様が具合が悪いときにこんなエピソードがありましたかとお聴きしたら、「妻がそんなふうに思っていたとは、まったくわからなかった！」とおっしゃるんです。「そのとき奥様がソファに寝ていて、だるそうで『ご飯できない』とも言っていたと思うんですが、ご自身で作るのはむずかしかったですか？」と聴いたら、「『熱があるから、ご飯作れないので、作って食べて』と言ってくれたら作りました」と。やっぱりはっきり言ったほうがいいんです。

「ご飯できない」と言っただけでは、自分との関係性がわからない。「熱があるから……」と言っただけでは、「じゃあ僕が作ろう」とはならないんですね。「当然じゃないの？」と思っても、「当然」は人によって違います。**とくにASDの方の当然は違うので、これは異文化理解ですから、「通訳」が必要**です。

この方のケースでは私が「通訳」をやったので、一般的な「察する」ということも旦那さまにお話ししました。「世間では奥様が具合が悪い時に察して、自分でカップラーメンを作って食べる人もいるかと思いますが、そういうのはどう思いますか？」というようなことを旦那さまにお話ししてみたら、「そういうことができる人がいるんですか！　なんにも言葉で説明してないのに、相手が具合悪いからご飯を自分でつくってほしいということがわかる人が、世の中にいるんですか！」とおっしゃるんです。「世間の旦那さまの99％くらいはできると思いますが……」とお答えすると、「**え！僕には信じられない……それは超能力者ですか!?**」と（笑）。

ですから、そのくらいわからないんだと思ってください。この話は、笑える方と笑えない方といると思いますが……要するに、シンプルにわからないだけ、ということなんです。

その方もいい人なんです。奥様に対策として「今度そういうことがあったら、離婚しようと思わないで、体温計を見せて『私の熱はいま38度だから、ご飯は作れません。だから、コンビニで好きなお弁当を買って、食べてください』と、そう言えば、丸くおさまります」ということをお伝えしました。そうしたら本当に丸くおさまったんですね。

「当然でしょ」

「見たらわかるでしょ」

「察してくれない？」

夫がそういうことができない・しないというのは、「自分が愛されていないから」、というのは勘違いです。ＡＳＤの特徴と愛情は別です。その旦那さまに「こういうことがあったから、奥様は愛されていないと思っていたんですよ」とお伝えしたら、「論理が飛躍している」と言うんです。「『ご飯を作れ』って言っただけで愛されていないことになるなんて」と。このくらい違うんですね。

ですから、本当に悪い人じゃないんです。ただ、こういう異文化の問題があるというだけなんです。でも、「ないがしろにされた」とやっぱり思いますよね。

こういうケースもあります。妻がティータイムを楽しんでいたら、夫が大好きなうさぎの顔の手入れをはじめたんです。ふつう、ティータイムで「いい香り～」なんて言っている人がそばにいたら、後にしようかなと思うんですけど、「時間と場所が決まっているから」なんて（笑）。そうすると妻は「私はうさぎより優先順位が下なわけ？」となって、もう離婚！　ということになっちゃうんですね。自分の優先順位が夫の好きなことより低いと思うと、女性はつらいですよね。逆の場合、女性がＡＳＤで、男性がとても共感力の高い人でへとへとになるケースもすごくあります。

とにかく、子育て支援の話とまったく同じで、誰も悪くない！　しいていえば、相性が悪い。特徴を知らないことによって、相性が悪くなっているので、**特徴を知っていれば、異文化理解ができる**ということなんです。

これは他の診断名についてもそうですけれども、私の考えることとしては、共通目標は「幸せになること」です。幸せになるために、カサンドラ症候群の名前を便宜上つける。つまり、カサンドラ症候群であると名前をつけることが絶対必要というわけではないので、自分はカサンドラかしらと思って、「カサンドラ症候群チェックリスト」なんていうのをやって、何点足らないから違うかもと、そういう話ではないんですよね。

カサンドラという概念を、自分を責めない、相手を責めない（どちらも悪くない）、そう考えるための「ツール」として使ってほしいんです。はっきり言えば、発達障がいの診断名も私はそれでいいと思っているくらいなので。重要なのは、夫婦関係がうまくいっていないのはＡＳＤの特徴が原因だったということを理解することで、「私はカサンドラであなたはＡＳＤだから、診断名もらってきて」という話ではないんです。

3　関係を悪化させる行為　良くする行為

やらないほうがいい、関係が悪化する行為

大切なことは、相手を変えようとやっきにならないことです。「ああ、変わらないんだ」というふうに思っていて、ちょっと変わってくれたらうれしいですよね。もちろん、変わるときもあるんです。だから、特性を理解して作戦を練ることが、重要です。

とにかく、ここに挙げたことをやみくもにやっていたら、お互いに疲弊してしまいます。したがって、別のアプローチのしかたを考えなければなりません。

〈これをすると関係が悪化してしまいます……〉

1　非常識などと、相手を一方的に非難する
2　状況や思いを伝えるために話し続ける
3　議論する
4　もっと共感してほしいと訴える
5　相手が変わることを期待する

この5つすべてに関係することですが、理解してもらおうとことん話し合うのは禁物です。

ここはすごいポイントですけれど――「話し合い」っていいますけど――ＡＳＤの

方の話し合いというのは、自分の意見を通すためのものなんです。たとえば、夫婦で話し合って、折衷案を出すとか、歩みよるとかではなくて、**自分の意見を通すことが話し合いと考える人が多い**です。ですから、両方が自分の意見を通そうとしたら、エンドレスに寝ずに話しても先が見えない……。

それに、途中から話を聴いてないことも多いんです。うなずいているだけで、趣味のことを考えていたりしますが、悪気があるというわけではないんです。何を言っているのか、本当にわからなくなってきていたりします。だから他のところに気がいってしまう。

したがって、議論はおすすめしません。どうしても伝えたいことがあるときは、第三者を入れるとか、作戦を練ったほうがいいです。**独特なマイルールがあって、それが揺るがないことが多いので基本的に議論はむずかしい**と考えた方がいいです。議論が並行線で具合が悪くなったことのある方、けっこういらっしゃいます。

それから、話が省略されたりすると、「何言っているのかわからない、お前の話はいつもそうだ」と言われて終わってしまいます。ここもポイントですが、**自分が「当然」と思っている部分は、人は、会話では省略する傾向があるん**です。「当然のこと」だから言わなくてもわかると思うのです。「どこがわからないのよ?」と言っても、相手は「わからないところがわからない」のです。お子さんの場合も、パートナーの方の場合も「言わなくてもわかるでしょ」というのでは、相手はわからないので、ちゃんと説明することが大事なんですよね。

そして、奥様が「もっと共感してほしい」「わかってよ」というとき、奥様は自分の考え方や思いをわかってほしいと思ってるんですよね。でも、「気持ちをわかってほしい」と言わないとそれは伝わらないのです。

「相手が変わること」を期待するのも、ちょっとむずかしいかもしれない。子どもは変わる確率が高いんですが、パートナーはちょっとむずかしいです。

こうすれば関係性が良くなる

そこで、関係性が良くなる方法ですが、これはもう「ASDの特性の理解」、これに尽きます。そのために必要なのは、日常生活で起きているトラブルが、ASDの特性によるものであると見極める力です。「言葉をそのまま受け取る」とか、「こだわりがある」とか、そのあたりの特性を知っているだけでなく、それがいま起きている、だからこういう問題になるんだ、と、日々の現実の問題と関連づけて考えることは、けっこうむずかしいことです。それに気がついて、ひとつひとつの**思い込みや勘違いを手放していく。これが関係性を良くする鍵**です。

〈試してください！　関係がよくなるコツ〉

1　ASDの特性の理解
2　人格と言動を分ける
3　基本的に議論しない
4　パートナーに共感を求めない
5　可能な限り言語化する
6　感覚過敏さに対して思いやりをもつ
7　一緒に行動しようと思わない
8　相手のマイルールを確認する

つぎの、「人格と言動を分ける」という考え方ですが、お子さんのASDの場合もそうです。ASDの方は、実際とても冷たいと相手が感じることを言います……。「こんなこともできないのか」「なんで時間どおりにできないのか」「なんでやるべきことをやらないのか」、そういうことを毎日毎日言われて、もうダメ……という人もいるかもしれません。ただ、相手の言葉と行動はNGだけど、その人は実は悪気がないんです。そこのところを切り離して考えるのが大事かもしれません。

議論しないほうがいいということは先ほどお話ししましたが、そのつぎの、ASDのパートナーには、「共感を求めない」「共感して」と言わない……。これは残念ながら、諦めるしかなさそうです。共感してほしいときは、共感が上手な人と話したほうがいいと思います……。そして大事なことは、察してほしいと思わず、「可能な限り言語化して伝える」ことです。

つぎ、これはなかなかむずかしいところではあるんですが、「感覚過敏があることに思いやりをもつ」。どうして嫌なのかをちゃんと言ってくれないのに、「お前がつくった食事は食べられない」といきなり言われて、実はなかに入っているピーマンが嫌だったということもあるんです。「ピーマンが入っているから食べられない」と言ってくれたらいいですが、「こんなものは食べられない」だと、作った人は全否定された気がしますよね。何が嫌なのかを聞いてみる。場合によっては、とろみやニオイが嫌だったり、いろいろあるので、「こんなものは食べられない」と言われても、イラッとせず「どんなものが？」って聞いてみてください。

「無理して一緒に行動しようと思わない」のも大切なことです。家族だと全部一緒にやらなければならないと思うかもしれませんが、円満に暮らすには「異文化理解」ということで割り切ることも必要です。

たとえば、お父さんが音を立てて食事をする、食事をするたびに喧嘩になるという方がいて「別々に食べたらどうですか」と提案したら、すごく平和になったそうです。あるいは、お父さんがきびしすぎて、「子どもがこぼすのを見ていたらイライラするから、きっちり食べさせろ」と言う。お母さんは「まだ3歳だからいいじゃない」と言っても「例外は許さない！」という感じ。このご家族も、別々に食事をするようになって平和になりました。

何かあったときに「一緒じゃなくてもいいか」と割り切ることも大切なんです。とにかく「ま、いっか！」と思うことなんです。相手のマイルールを確認する、そ

【目の前で起きていること】
家族皆で旅行に行く日なのに、旦那さんが一人だけ、どうしても行かないと言う……

×特性を知らないと……
（何か悪いことしたかしら？）
（もう私に愛情がないのかも）
怒り「今日は家族旅行の日じゃない！」

↓

（特性の理解）こだわりがある
マイルールどおりに動く

【目の前で起きていること】
家族皆で旅行に行く日なのに、旦那さんが一人だけ、どうしても行かないと言う……

○特性を知っていると
（何かやりたいことがあるのかな……）
「わかったわ、私たちだけで行ってくる♪」

図9　どうやって相手のルールに合わせるか

れに合わせていく。合わせられないと思ったら、そこに関しては別々にする。**「同じじゃないだけ」ということを念頭に置いてください。**

4　「異文化理解」でスムーズに

カルチャーショックに対処する

ＡＳＤの方との暮らしは、本当に異文化理解なので、カルチャーショックが起きます。外国の方と接していてカルチャーショックが起きるのは、お互いの「当然」が違う、「常識」が違うからです。それを「想定内」と考えてください。

〈慌てず騒がず……こんなことに備えてください〉

1　当然が違う

2　マイルールを主張する
3　理由もなく、突然怒り出す
4　思いやりやねぎらいの言葉がない
5　事実はなんでも言っていいと思っている
6　パートナー（家族）より、自分の趣味の方が大切
☆怒りのスイッチを押さないために、どうしたらいいでしょう？

「当然が違う」というのは、たとえば本州から沖縄にお嫁に来た方が感じるカルチャーショックと似ています。ふつうにあることなんです。「当然」が違うし、相手が「マイルールを主張する」ということは、文化の違う人たちが一緒にいたら日常であることですから、ＡＳＤのある人やその人の特性が「悪い」とか、そういうことではないんです。そこをご理解ください。

「理由もなく突然怒り出す」。学校の先生も、子どもが突然パニックを起こしたと相談されることがありますが、突然というのはないんです。必ず何か理由があり予兆

があることがほとんどです。パターンがあります。その理由を確認してください。一般的によくわからない理由だったりすることもあるので、評価しないで「ああ、そういう理由なんだ」と思って聞くことです。

「思いやりやねぎらいの言葉がない」ことは、悲しいですよね。それから、話をただ聞いて共感するというのが苦手な方も多いです。愛情がないわけではないので、もうそういうタイプであると割り切りましょう。**思いやりやねぎらいの言葉がなくても、愛している。**なかなかわかりにくいところだとは思うんですけれども……。

「事実ならなんでも言っていいと思っている」ということもあるので、言ってはいけない理由を説明してあげることが必要です。そのときに、「相手が傷つくから、それが本当のことでも言ってはいけない」という言い方だと、「想像力の欠如」の特性で、うまくいかない。たとえば、上司に対して「こんなことは我慢できないから言ってやる」といきりたっているときに、「あなたの言っていることはわかるけど、それを言うことによって上司の人が気分を害して、あなたに対して不利益になることをするかもしれない。それはあなたにとって損だと思う」と、ここまで説明した方がいいです。**「あなたにとって損」というのを、説得するときに使ってください。**説得の方法にもコツがあります。**誰かを傷つけるとか、悲しませるとか、相手の感情に関する理由では理解してもらえないことが多い**でしょう。「あなたが損をする」というのが効果的です。

ただ、なかにはものすごく正義感が強い人で、「この事件に対して沈黙しているわけにはいかない」という方もいるかもしれませんが……「その気持ちはよくわかるから、同僚かちょっと上の人と相談したほうがいい」という言い方もいいかもしれないですね。「ダメ」というと、これは人間誰でもそうなんですが、お子様でも、ダメと言われたことはやりたくなるんです。

「パートナー（家族）より趣味が大切」というのは、何よりのカルチャーショックですよね。**そういうタイプと割り切って、「二番めでもいい」と思う。**そこを「ま、いいか」と思えれば、「けっこういい人かも」と思えることはあると思うんです。

人によっては、物（趣味）ではなくて、すごく子どもが好きとか、奥さんが好きという方もいるんです。ASDタイプの方は、必ずしも人より物が好きというわけでもないんです。特定の人がすごく好きという場合は、ちょっとストーカーっぽくなることもまれにあります。

突然怒らないために、アンガーマネジメントの3つのヒント

でも、こういう異文化に出会うと、「怒りのスイッチ」がいろいろなところに出てきませんか？　これで具合が悪くなると思うんです。では、どうやって怒りのスイッチを押さないようにするか、それがアンガーマネジメントです。

〈アンガーマネジメント：怒りとうまくつきあう方法〉
1　6秒やり過ごす
2　怒りの下にある本当の気持ちを見つけ伝える
3　クールダウンできる言葉を自分に言う

1　6秒やり過ごす

まず、「6秒やり過ごす」。カチンとくることも言われます。当然と思うことをやってくれないと、怒りたくなることもあります。そのときに、ちょっと水を飲んで深呼

吸する。「4秒吸って6秒吐く」というのをおすすめしています。いま水をもっている人は水を飲んでください。一緒にいま、深呼吸してみましょう。本当は姿勢を正すのがいいんですが、怒っているときにそこまでできたら、怒りからかなり離れるので効果があります。

これをやってみると、小さな怒りをスルーできます。**怒りは怒りを呼んで、ハッピーな時間を短くしてしまいます**。やり過ごすことがまず大切です。

2 第1感情、本当の気持ちを伝える

2番め、「怒りの下にある本当の気持ちを見つける」。これが、すごく重要。お互いに本当の気持ちを言っていないことは多いです。先ほどの、熱のある奥様のお話ですが、旦那さまのほうでは「突然離婚すると言っているけど、何のことかわかりません」と言っているわけですよね。ですから、なぜ離婚するほど嫌なのかを、言語化することが重要なんです。

この例だと、奥様は熱が出ていてご飯を作ることができないので、自分でご飯を買ってきてください、と伝えることです。

それから、怒っているときは「この人ってひどい人」と、まず怒りが出ますよね。もっと複雑なこともたくさんあるんですけれど、まず最初に怒りが出ます。旦那さまが「これからうさぎの世話をする」と言う、奥様はカチンときますよね。「私が紅茶を飲んでいるのに！」と。そのときに、怒りが最初に出てくる。怒りは実は、「第2感情」なんです。出るのは最初なんですが、2番めの感情なんです。うさぎの世話の例で怒っているのはどうしてなんでしょうか？

本当は、紅茶を飲んでいるときにうさぎのフンがくさかったり……怒りだけでなくて、私は一番でなくてうさぎのつぎか……ないがしろにされているとか、否定された感じ、悲しみ。否定されると、「こんな生活がずっと続くのか」とか、不安も出てくるかもしれない。それから、「私のことを大切にしてほしい」という期待もある。その期待を裏切られたとか……これが本当の気持ち、「第1感情」です。これを伝えることが重要なんです。6秒間スルーすると怒りが大爆発しないので、第1感情に気づき伝えることができるでしょう。

「私が大好きな紅茶を飲んでいるときに、うさぎの世話をしてくさくて、私はないがしろにされている気がして、悲しかった」と。

（妻がティータイムを楽しんでいる）
　夫「時間だから、これからうさぎの世話をする」
　妻「私が紅茶飲んでいるのに！ひどい！！」
　　第２感情：怒り
　　　第１感情：ないがしろにされた……
　　　　悲しみ（うさぎのにおいがくさい……）
　　　　　　　（私が二番……否定された）
　　　　不安（こんな生活が続くのか）
　　　　期待（私のことを大切にしてほしい）

↓

夫「時間だから、これからうさぎの世話をする」
　　　　　　　　【６秒間スルー】
妻「私がお茶を飲んでいる目の前で
　あなたがうさぎの世話をするから、
　私のことよりうさぎが大事なんだと
　ないがしろにされたと思って、
　悲しかった」
　☆第１感情を、相手がわかるように伝える

図10　第１感情を伝える

そうすると、本人は案外気がついていないことがわかります。「そうだったの？」とか「いや、日曜は、3時に世話をするって決めてるから！」とか、意外と自分がしたことで相手が傷ついていることに気がついていない。シングルフォーカスなので、「うさぎの世話をしているところに君がいることに気がつかなかった」と、そういう場合もあるかもしれません。こういう場合でも、愛されていなかったとは思わないでください。

これは同様に、相手の怒りの下にある本当の気持ちを見つけて、共感することにもつながります。そうすると、「ま、しょうがないかな」と思えるときもあるかもしれない。ただし、これは皆様のストレスマネジメントができていて、気分が落ち着いていないと、とてもできません。全部やる必要もありません。全部共感してあげようと思わなくてもいいんです。

両者が表面的な怒りで会話をするのではなく、その下にある第1感情、本当の気持ちをお互いに理解した上で、本音を伝え合うということが大切です。

それから皆さんは、イラッときたり、むかついたりしたときに、無意識に「大丈夫、大丈夫」とか、「落ち着いて、落ち着いて」とか、何か自分自身に言っていることはないでしょうか？　この自分自身への言葉がけをセルフトークといいますが、「セルフトークの質が人生の質」と思われるくらい、心の安定やその次の行動に影響すると思いませんか？

　イラッときた時に、「何で自分はできないんだろう」「バカじゃないの」などのセルフトークだと、自責が強くなり、自分への攻撃が強くなってしまいます。また、「あの人はひどすぎる」など、自分以外の人を責める他責のセルフトークだと、怒りが倍増するかもしれません。

　怒りのスイッチＯＮ！　となった

≪すぐに効く！　プラスのセルフトーク≫

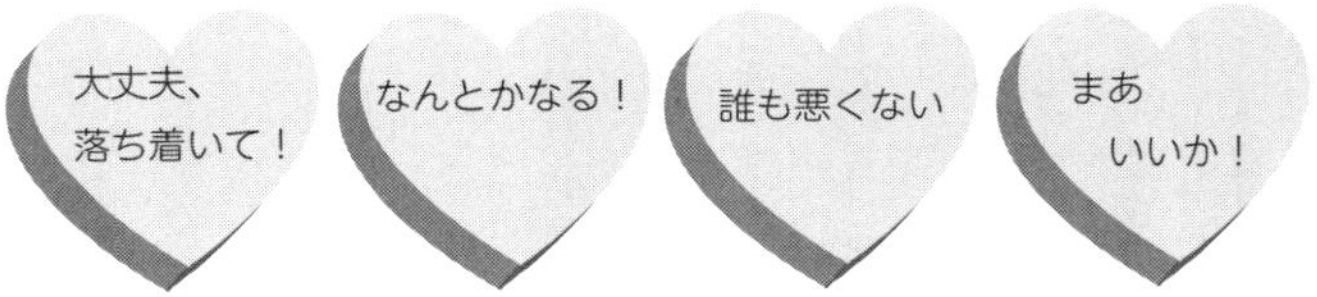
大丈夫、落ち着いて！
なんとかなる！
誰も悪くない
まあいいか！

≪プラスの言い換え≫

・なんでできなかったんだ→**どうやったら次うまくいくかな**
・あー完璧にできてない→**やれるだけのことはやった**
・あと１日しかない→**まだ１日もある**
・（失敗して）自分はもうだめだ
　→**うまくいかない方法がわかってよかった**
・私の存在を否定された→**私の言動がNGだと言われただけ**
・あの人からいつも口うるさく言われる
　→**あの人は気にかけてアドバイスしてくれる**

表８　人生の質を高めるプラスのセルフトーク

その時に、深呼吸して、自分自身が穏やかになるような言葉がけをしてみませんか？

私の場合、イラッときたときに、「誰も悪くない」と言ってクールダウンするようにトレーニングしてきました。他にも、いくつかおすすめのセルフトークの言葉がありま す。

よりよい異文化理解のために

カサンドラ症候群の悲劇は、「怒りと悲しみの悪循環」です。だから、「私はカサンドラだわ」とチェックリストをつけて終わりというのも悲しいじゃないですか。対策がなければ。**その対策とは、「異文化理解」**です。

まず、「タイプの違いから生まれる人間関係のストレス」。ここを理解すると少し楽になれます。

私たちは同じタイプだとすごく安心します。だから、相手にも同じになってもらいたいと、無意識に思います。それで、違うところがあると、無意識に攻撃したくなる。「そこ違うんじゃない」と言いたくなっちゃう。これは誰にでもあることなんですよね。だからこそ、いろいろなタイプがあるんだという、異文化理解が重要なんですよね。

〈異文化理解のキーワード〉
・タイプの違いから生まれる人間関係のストレス
・感情フォーカスタイプVS思考フォーカスタイプ
・違いを知って、相手を尊重
・事実とシナリオを分けて考える
・相手のルール、前提を理解する
「自分の当然と相手の当然は違う」
「嫌なことは人によって違う」
「価値観を否定されると、人格を否定されたと感じやすい」
☆異文化理解には通訳が必要
（出典：『実践！ストレスマネジメントの心理学』）

そして「ストレスマネジメントの基本は、人を変えるのではなくて自分を変える」

ということなんですけれども、人を変えるのがむずかしいから、先に自分が変えられるところは変えて、それでハッピーな時間が長くなったらいいよねという発想です。

ストレスに対処する時に「感情フォーカスタイプ」の人と「思考フォーカスタイプ」の人がいます。前者は、第1感情を出す、言語化してそこを共感してもらうと効果的な人。後者は、情報を収集して状況を分析し、問題を解決しようとする人。このタイプが、パートナーと合わないと、なかなかむずかしいかもしれません。

カサンドラになりやすい人は、おそらく「感情フォーカスタイプ」の人、共感してもらうということがとても大切なタイプの人です。それをしてもらえないと、「大切にされていない」と勘違いしやすい人です。「思考フォーカスタイプ」の人は、「ASDだとこういうことがあるのね」とある程度状況が分析できると、「じゃあしょうがないか」と、問題解決の方向に進みやすい人です。

この感情タイプと思考タイプの違いが、ストレスの原因にもなってくるわけなんです。相手が共感を大切にしているタイプなら、共感することが、愛している、大切にしていると感じてもらうことになる。そういう文化をもっている人であれば、その文化を尊重する。同じ感情フォーカスタイプだと、おしゃべりしているときに上手に話を聴いて、感情の部分に共感することが自然にできるんですね。

この**「共感」というのは、本能ではありません。ですから、上手な人と下手な人、できない人がいる**ということです。これを理解して、自分はどのタイプなのか、相手はどのタイプなのか、わかると楽になれるかなと思います。

ただし、**タイプが違うということが、必ずしも常にストレスになるわけではありません。**皆さん、違うタイプの人に憧れて、好きになって結婚したということはありませんか？ あるはずです、自分にないものをもっているから、そこに憧れて結婚する。ところが、最初はまだいいんですが、その後、一緒に暮らしているうちに歯車がずれると、違っているところが鼻につくようになることもあるんですよね。前はそこが良かったんだけど、ちょっとね……みたいなことになってくる。

そこをどう歩み寄るかですよね。

では皆さん、「違う」という言葉にどんなイメージをもちますか？ 「あなたは違うわよね」と言われて、どんなことを感じるでしょうか？ 言い方にもよると思いますが。「違う」という言葉に対して、マイナスに感じる方はいらっしゃいますか？ プラスのイメージをもっている方は？ もしくはそのときによってちがう方は？

「違う」という言葉のなかには、「different（異なる）」と「wrong（間違っている）」という、2つの意味が入っています。日本語ではまったくちがう概念が、同じ言葉になっているんです。驚くべきことです。だから、他とちょっとでも違っていると、「あの子はダメ」「あの人はダメ」みたいなイメージにつながりやすいということになります。「違う」という言葉ひとつで、相手のイメージが変わってくるわけです。

ですから、「同じではない」ということは、「良い」「悪い」ではないと理解することが大事になってくるわけです。

「違う」ということをシンプルに「同じではない」だけと思えると、すごく可能性が広がるわけです。ふつう、自分と違うタイプの人と一緒に仕事をすると、ストレスを感じることが多いんです。やり方が違う、考え方が違う、価値観が違う。家庭生活もそうです。でも、**見方を変えると、自分と違ったやり方を学ぶ、絶好のチャンス、「可能性を広げる」という発想をもつ**と良いかと思います。

お互いの「当然」を尊重しましょう

さいごに、異文化理解についてまとめです。

「自分の当然と相手の当然は違う」。そのことに気づいてください。自分の当然は相手にとっても当然じゃないかもしれないんです。そのことを言い合っていたら……議論が終わらない理由がわかりますよね。事実確認をしてないからです。ですから、自分の思いを主張をするより、まず「事実確認」をしたほうがいいんです。「ところで、あなたは何が嫌いだったの？」と尋ねたら「ピーマン」と確認できる。そうしたら、「これからピーマンを入れないように作るからね」と、とてもシンプルな解決策が出てくるかもしれないんです。「お前の作るものはいつもまずい」というのは、いつもピーマンが入っていたからだったり、そんなことがあるかもしれない。

それに、「いつも」というのも事実じゃないかもしれない。2、3度ピーマンが入っているものを食べたことで、「いつもまずい」という話になっているかもしれない。「いつもじゃないでしょ！」と責め立てないで、「何が嫌なの？」と事実確認する、これが重要です。ぜひやってみてくださいね。

「嫌なことは人によって違う」。嫌なことが他の人よりも100倍多い人もいるんです。それも理解してください。

異文化理解のキーワード、つぎが大切。「価値観を否定されると、人格を否定されたと感じやすい」。ここです。「その考え方がダメなのよね」というのは、いちばんカチンとくる。子育てのしかたで意見が分かれたときに「そんなのはダメだ」とかね。

それから、自分が大切にしているものを否定されると、存在を否定されたと感じやすいんです。だから、いちばん大切なのは、相手の趣味を尊重してあげるということです。旦那さまがなんだかよくわからない石を並べている……「きれいな石ね」と言ってあげましょう。あんまり高い石だったりしたらそれは相談してもらわないといけないということになりますが（笑）。とにかく、**「相手が好きなものは尊重する」**というのは、それだけでも相当信頼関係が深まるんです。あなた自身がその趣味が嫌いであっても、その人が好きなものは尊重する。そうすると、その人本人を尊重したのと同じくらいの価値があるということなんです。

そういう意味では、ある種のこだわりがあっても、あまりいろいろ直そうとしないで、それをＴＰＯに合わせて「まあ、いまはいいか」とか、ここではまずいから場所を変えてもらうとか、レベルを下げてもらう。うさぎの世話の例で言えば、まず「あなたはうさぎが好きなのね」と言って、自分がうさぎの世話の時間以外にティータイムをとると平和なわけです。こういうふうに、**相手が大切にしているものの優先順位**

を上げる。そして、「あなたと同じように、私はこの花が大切だから、あなたにも水やりしてもらうと、私はうれしいの」と、具体的にやってほしいことを伝える。

そういうわけで、異文化理解には「通訳」が必要なんです。ご自分がバイリンガルになるという感じで、相手にもバイリンガルになってもらう。「バイカルチャー」ということで。それでも無理なら、「通訳者」に入ってもらう。２つのカルチャーを知っていて、かつ価値判断がニュートラルな方がいいですね。「良い」「悪い」の判断をしない人。ＡＳＤの夫に偏っていたり、ＡＳＤのない妻に偏っていたりしないで、

「『どちらも悪くない』というところで、どういう解決方法がありますか？」

「共通目標は幸せになる。そこに向けて、どうしていったらいいでしょうか？」

というふうにもっていける人がいいと思います。

【事実とシナリオを分ける】

対人関係のストレスの多くは、勘違いからくる思い込みが多いものです。特に特性が強いと、お互い勘違いのまま、怒りが増幅したりすることがあります。

たとえば、誰かにあいさつをしたけれども、返事がなかったとき、最初にどのように感じますか？「嫌われているのかな」と感じるか、「返事がないなんて、あの人サイテー！」と感じるか。これらは全部、皆さんがつくっている「シナリオ」で、事実ではありません。

この例でどの部分が事実というと、あいさつをしたときに返事がなかった、ということのみです。ここから「嫌われているのかな」というシナリオをつくると、自分を責める「自責」、あるいは「不安」が強くなります。「あの人はサイテー！（ルールを守らないでダメ）」というシナリオなら「他責」、人を責める感情が湧いてきます。ルールに厳格な人、とくにASDタイプの人に他責の傾向がよくみられますが、これが家族に対して向けられてしまうと、周りの人は苦労することになります。つまり、シナリオをつくることから、マイナスの感情が生まれてくるのです。

ストレスマネジメントで大切なことは、事実をしっかりと観察することです。何が事実で、何が自分がつくっているシナリオなのか。そこを見極めることが重要になります。

【エピソード】

子どもが熱を出して苦しそうな顔をしているので、日曜日の夜、「病院に連れて行ってほしい」と頼んだら、「いつも見ているテレビを見てからいくので、３０分待って」と言われた。

↓

××（NGパターン）××

「なんて冷たい人なの！　子どものことよりテレビを見ることの方が大切なの？　ありえない！　こんなことではもう一緒に住めない！」と怒鳴る。

☆特性の理解☆

・言葉で具体的に緊急性を伝えていないので、子どもの顔の表情が読み取れず、状況判断ができていなかった。
・毎日同じ時間に、同じことをするルーティーンを崩すことが苦手。

⇩

◎◎（OKパターン）◎◎

・体温計で熱を測り、39度あることを見せる
・「緊急外来に連絡したら、すぐに連れてくるように言われた」ということを伝える
・「テレビ番組は録画して、あとで見てくれもらえない」と聞いてみる

事実は、言葉以外のメッセージが読み取れず、緊急事態であるということがわからなかっただけ。ルーティーンがあるため、状況に合わせて柔軟に優先順位を変えることが難しいだけで、愛情がないわけではなかった。（NG パターン）は自分でつくったシナリオだった。

図11　事実とシナリオを分ける

【アンガーマネジメント】

怒りは脳をハイジャックします。こうなると、冷静に考えられません。ストレスホルモンが出て、血圧が上がったり脈拍が増えたり、高血圧の人や心臓病の人は、場合によっては命の危険があります。つまり、怒ることによって、体を傷めつけているのです。ハッピーな時間を長くするには、怒りの時間を短くすることが大切です。なくすのではありません。怒り自体は悪くありませんが、その表現の仕方で問題が起こる場合が多いのです。

本文では、3つのアンガーマネジメントの方法を紹介しました。ここでは特に、不安になりがちで、そのため怒りにつながりやすい人の対処法をお伝えします。「怒りの下に不安がある」場合、その不安の気持ちを聴いてくれる人がいるといいです。「マイナスの感情の傾聴と共感」はとても大切です。ストレス反応からくる怒りは、なにより、不安を取り除くこと。これを意識してみてください。

私たちの中には、不安が強い人がいます。それは「セロトニン」の分泌が少ないからと言われています。気合いが足りないから不安が強いわけではありません。心を安定させるために必要な、神経伝達物質が足りていないのです。セロトニンを増やす薬もあるにはありますが、午前中に光を浴びるだけで増えます。そしてこれが、夜、睡眠を促す物質になります。ですから、不登校、ひきこもりでも、部屋は遮光カーテンにしないことが大切です。ますますセロトニンが出なくなってしまいます。逆に、夜寝る前は、テレビやスマホのライト（ブルーライト）を見ないほうがいいです。

怒りに対処する（アンガーマネジメント）

「怒り」は人間が本能的に備える大事な感情。抑え込んでしまうのは不健康ですし、だからといって、不適切に表出するとトラブルを招きます。自分のなかでうまく「怒り」に対処する方法を知っておきましょう。

図12　アンガーマネジメント
えじそんくらぶリーフレット
『家族でハッピー！　みんなのためのストレスマネジメント　3つのヒント』より

Q：奥様の理解が得られず支援が進みません

奥様の理解があまり得られず、「なんでわたしが我慢しなきゃいけないの」「ASDと言われても信じられない」というふうになった場合、支援者としてどう「通訳」（支援）をしていったらいいでしょうか？

A：お互いの文化をていねいに聴き取り、通訳しましょう

いろいろなパターンがありますが、自分の主張をガンとして譲らないというのは、もしかしたら奥様にもASDの特性があるかもしれません。お互いにこだわりがあると、さらにむずかしくなります。

そこで、支援（通訳）する上では、特性を理解することがまず大切なので、それぞれがどのような特性・価値観をもっているのか、同じ「文化」だけどどこがちがうのか、そのあたりの

ことを知る必要があります。

それから、いきなり「ASDの特性です」という説明をすると、拒絶反応を起こさせてしまいますので、あくまでもお互いの特性を確認して、障がい名を明言しないほうがよいでしょう。

「言葉以外のメッセージが伝わらないということがありませんか?」

「自分の趣味を優先するということはありませんか?」

「こういう特徴をもつ人が人口の1%います」

こういうふうにていねいに説明して、「では、コミュニケーションをする上で、お互いに誤解を生んでいる部分を整理していきましょう」というアプローチをするのがいいと思います。

繰り返しになりますが、どのような特性をもつ奥様にたいしても、「あなたはカサンドラ症候群です」とわざわざ言う必要はありません。「わたしは障がい者なの!?」というほうに、奥様の意識がフォーカスされてしまって、本筋の支援が進まなくなることもあります。あくまでも、支援者の方がサポートの資源として知っていれば、ご本人には伝えなくても大丈夫です。

Q：周囲につらさを理解してもらえません

自分はカサンドラ症候群だと思うのですが、なかなか周りの人に言っても理解してもらえません。どうしたらいいでしょう？

A：残念ながら、理解を得られないことを想定内にしましょう

理解者が身近にいないというのは、本当につらいことですよね。しかし、ストレスをためないために大切なことは、残念ですが、「すべての人に理解してもらえない」ということを、想定内にすることです。カサンドラ症候群は新しい概念で、正式な診断名ではなく、ニックネームのようなものですから、知らない人はとても多いです。かなり有名になってきた発達障がいでさえも、まだまだ周囲の理解を得られないことが多いのが、日本の現状です。

ですから、周りの人すべてに伝えるというより、あなたのことを理解してくれそうな人を見

つけて、話をするとよいでしょう。そのときに、「発達障がい」とか「カサンドラ症候群」という言葉を出すのではなく、パートナーの特性からくるストレスについて話して、共感してもらいましょう。

また、発達障がいのある子の親の多くも、カサンドラ症候群と同じつらさを抱えているので、話してみると理解してもらえるかもしれません。あまり聞いてくれる人が周りにいなければ、カウンセラーに相談しましょう。聞いてもらうだけでほっとする、癒される効果があります。

相談したときにもらう、アドバイスがつらいと感じることがあるかもしれません。その時は、「まだアドバイスを受け止める余裕がないから、話だけじっくり聞いてもらいたいんです」と、お伝えすることもよいかと思います。

おわりに

１９９８年ごろ、「ＡＤＨＤの本を出版したい」とある出版社を訪ねましたが、「ＡＤＨＤなんて聞いたこともない、こんな本は売れない」と断られたことを、今でも鮮明に覚えています。ですから今回、ご縁があって岩崎学術出版社様から出版のご提案をいただいたときは、とても嬉しく思いました。

まったく発達障がいの本がなかった昔と、たくさんの発達障がいの情報で溢れかえっている現在とでは、情報の量は大きく違いますが、講演会に参加される方や読者の方が一番知りたいことは、共通しているように思います。

それは、いま目の前にいる我が子、困っている生徒さんや当事者の方に、具体的に何をしたらその人のためになるのか、ということだと思います。

人は一人ひとり、特性も家庭環境も学校環境も、いろいろ違います。一冊の本ですべての人がうまくいく指導書、育児書というのはありません。結局、失敗しながら、いろいろ修正をしていくことが、より良い人生につながるのでしょう。

私も多くの失敗をしてきました。今もし続けています。

「失敗は飛躍のチャンス」と言われています。失敗したということで自責の念にかられたり、自分はダメ人間だ、価値がないと思うこともあるでしょう。でも、一歩引いて客観的に見ることができれば、「失敗した」ということは、「今までの方法ではうまくいかない」ということを教えてくれているのです。だからこそ、何かを変えることが大切だと思うのです。

私も完璧な人間ではありません。毎回講演会のとき、原稿というものは一切書かないので、講演のテープ起こしの文章を見てみると、話が飛んだり、説明が不十分だったり、いかに不完全な内容かということがよくわかりました。それにもかかわらず、私を講師として呼んでくださる主催団体の方に心から感謝いたします。

LDがあるのに本を出版できるということは、優秀な編集者のご協力のおかげです。今回、岩崎学術出版社の塚本雄一様には本当にお世話になりました。何度も編集に手を入れて、読者の方によりわかりやすくなるように、労を惜しまず頑張ってくださったおかげで、良い本ができました。本当にありがたく思います。

仕事も子育てもチームプレイです。不完全な人がいたとき、不完全さを非難し合うのか、それともお互いに苦手なところをカバーし合うのか。それだけでも人生の質は変わってくることでしょう。

今も苦手なところをサポートしてもらわないと、本一冊作りあげることはできない私ですが、お伝えしたいこと、アイディアはあふれています。すでに次の本の企画も進んでいます。

その原動力は、私の講演を聴いてくださる参加者の方々の存在です。その方々にも、この場を借りて感謝したいと思います。

それぞれの苦手なところをカバーしあう、そして感謝しあう。そういうことが自然にできる学校、日本社会になってほしいなと心から思います。

障がいがあってもなくても、あなたはあなた。

できないことがあっても、あなたはあなた。一人ひとりが大切な存在だと思うのです。

この本を手にしてくださった皆様のご多幸を、心からお祈りいたします。

２０１８年10月吉日　高山恵子

参考文献

伊藤英夫・松田景子・近藤清美：1歳6か月健康診査における発達障碍児のスクリーニングシステムとフォロー体制に関する全国実態調査　小児の精神と神経、第三四巻第三号、一〇七―一二二頁、一九九四。

内山登紀夫：ライブ講義　発達障害の診断と支援　岩崎学術出版社、東京、二〇一三。

遠藤辰雄・井上祥治・蘭千尋編：セルフ・エスティームの心理学　自己価値の探求　ナカニシヤ出版、京都、一九九二。

遠藤利彦：赤ちゃんの発達とアタッチメント　ひとなる書房、東京、二〇一七。

江口重幸・上野豪志・五木田紳：アーサー・クラインマン『病の語り』　誠信書房、東京、一九九六。

国立特別支援教育総合研究所：ＩＣＦ（国際機能分類）活用の試み　ジアース教育新社、東京、二〇〇五。

橋本圭司：高次脳機能障害　どのように対応するか　ＰＨＰ、京都、二〇〇六。

古荘純一・磯崎祐介：教育虐待・教育ネグレクト　日本の教育システムと親が抱える問題　光文社、東京、二〇一五。

近藤直司：ひきこもりと発達障害　児童青年精神医学とその近接領域（日本児童青年精神医学会機関誌）、二〇一三。

高山恵子：えじそんリーフレット「子育てストレスを減らす3つのヒント」　ＮＰＯ法人えじそんくらぶ、二〇一〇。

高山恵子：えじそんリーフレット「ボクたちのサポーターになって!!　２」　ＮＰＯ法人えじそんくらぶ、二〇〇二。
高山恵子：育てにくい子に悩む保護者サポートブック　学研、東京、二〇〇七。
高山恵子：ママも子どもも悪くない！　しからずにすむ子育てのヒント　学研、東京、二〇一四。
高山恵子・平田信也：ありのままの自分で人生を変える　挫折を生かす心理学　本の種出版、東京、二〇一七。
高山恵子・平田信也：実践！　ストレスマネジメントの心理学　本の種出版、東京、二〇一七。
高山恵子：ＡＤＨＤの人のためのアンガーマネジメント　講談社、東京、二〇一六。
御船由美子：アンダース・ハンセン『一流の頭脳』　サンマーク出版、東京、二〇一八。
宮尾益知・滝口のぞみ：夫がアスペルガーと思ったとき妻が読む本　河出書房新社、東京、二〇一六。
『発達１５３　特集：最新・アタッチメントからみる発達』　ミネルヴァ書房、京都、二〇一八。
『TED Talks　What makes a good life?』（ロバート・ウォルディンガー）より　二〇一六。
Famularo, R., Kinscherff. R., & Fenton. T.: Psychiatric diagnoses of maltreated children: preliminary findings. Journal of the American Academy of Child & Adolescent Psychiatry. 31(5), 863-867, 1992.
Lifford, K. J., Harold, G. T., & Thapar, A: Parent-child relationships and ADHD symptoms: a longitudinal analysis. Journao of abnormal Child Psychology, 36 (2), 285-296, 2008.
Theule,J., Wiener,J., Tannock, R., & Jenkins,J. M: Parenting stress in families of children with ADHD: A meta-analysis. Journal of Emotinal and Behavioral Disorders, 21 (1), 3-17, 2013.

著者略歴
高山　恵子（たかやま　けいこ）
NPO法人えじそんくらぶ代表。ハーティック研究所所長。
臨床心理士。薬剤師。
昭和大学薬学部　兼任講師。

昭和大学薬学部卒業後、約10年間学習塾を経営。

アメリカトリニティー大学大学院修士課程修了（幼児・児童教育、特殊教育専攻）、同大学院ガイダンスカウンセリング修士課程修了。

児童養護施設、保健所での発達相談やサポート校での巡回指導で臨床に携わる。

ADHD等高機能発達障害のある人のカウンセリングと教育を中心に、ストレスマネジメント講座等、大学関係者、支援者、企業等を対象としたセミナー講師としても活躍中。また、中央教育審議会専門委員や厚生労働省、内閣府等の委員を歴任。

『イライラしない、怒らない　ADHDの人のためのアンガーマネジメント』（講談社）等、著書多数。

ライブ講義　高山恵子 I
特性とともに幸せに生きる
ISBN9784-7533-1144-6

著者
高山恵子

2018年11月21日　第1刷発行

印刷・製本　(株)新協
発行所　㈱岩崎学術出版社　〒101-0062 東京都千代田区神田駿河台3-6-1
発行者　杉田　啓三
電話03（5577）6817　FAX（5577）6837